FÊTES

ET

RÉJOUISSANCES

A DIJON

A L'OCCASION DE LA NAISSANCE DU PRINCE DE CONDÉ

11-29 Août 1736

RELATION INÉDITE PUBLIÉE PAR

A. CORNEREAU

Membre de l'Académie de Dijon et de la Commission
départementale des Antiquités.

DIJON

IMPRIMERIE DARANTIERE

65, RUE CHABOT-CHARNY, 65

1898

FÊTES

ET

RÉJOUISSANCES

A DIJON

A L'OCCASION DE LA NAISSANCE DU PRINCE DE CONDÉ

11-29 Août 1736

FÊTES

ET

RÉJOUISSANCES

A DIJON

A L'OCCASION DE LA NAISSANCE DU PRINCE DE CONDÉ

11-29 Août 1736

RELATION INÉDITE PUBLIÉE PAR

A. CORNEREAU

Membre de l'Académie de Dijon et de la Commission
départementale des Antiquités.

DIJON

IMPRIMERIE DARANTIERE

65, RUE CHABOT-CHARNY, 65

—

1898

FÊTES ET RÉJOUISSANCES

A DIJON

A L'OCCASION DE LA NAISSANCE DU PRINCE DE CONDÉ

11-29 Août 1736

Sous l'ancienne monarchie, la naissance d'un prince du sang était toujours l'occasion de nombreuses et brillantes réjouissances, soit à Paris, soit dans les provinces. Le récit de ces fêtes était le plus souvent imprimé et répandu dans le public, mais en dehors de ces relations officielles, il est intéressant de connaître, lorsqu'on les rencontre, celles qui, faites par de simples particuliers, et non destinées à la publicité, montrent le véritable état des esprits.

Le 9 août 1736, naissait à Paris (1) Louis-Joseph de Bourbon, prince de Condé (2), fils de Louis-Henri, duc de Bourbon (3), gouverneur de Bourgogne, et de la princesse Caroline de Hesse-Rheinfels (4).

Le titre de gouverneur de Bourgogne étant héréditaire dans la maison de Condé (5), le nouveau-né devait un jour gouverner la province.

Le récit des fêtes données à Dijon à l'occasion de cet événement est relaté dans un manuscrit en forme de lettre appartenant à la bibliothèque de Dijon, fonds de Juigné(6), vol. VI. Il est inédit mais n'a pas échappé aux minutieuses recherches de notre savant et regretté confrère, M. Milsand (7), qui l'a noté dans sa *Bibliographie bourguignonne*.

L'auteur, qui a soigneusement conservé l'anonyme, raconte avec les plus grands détails toutes les fêtes et les réjouissances dont Dijon fut le théâtre, mais il ne semble pas faire plus de fond sur la sincérité des sentiments populaires que sur la reconnaissance des princes en l'honneur desquels elles étaient données.

Plus de cinquante ans doivent encore s'écouler avant la révolution, et cependant, on voit déjà poindre dans ce récit des appréciations qui attestent un grand esprit d'indépendance et la marche vers les idées nouvelles qui seront une des causes du bouleversement de 1789.

MADAME,

Vous m'avez témoigné que vous verriez avec plaisir la Relation des Fêtes qui ont été données dans notre ville, à l'occasion de la naissance du nouveau Prince de Condé ; je me rends à ce que vous désirez : et quoique je ne sois pas accoutumé d'écrire sur un tel sujet, je sacrifie mes répugnances à votre satisfaction ; je souhaite que la lecture que je vous offre charme quelques moments de ces ennuis qui sont presque inévitables dans la solitude : heureux si cet écrit que je vous offre pouvoit vous amuser ; j'ose m'en flatter, parce que les personnes d'esprit comme vous, Madame, s'amusent souvent des choses les plus indifférentes, soit par complaisance et par politesse, soit pour se délasser d'autres occupations plus sérieuses, soit pour ne rien négliger de ce qui peut cultiver l'esprit, semblables aux abeilles qui se nourissent également du suc des fleurs les plus belles et de celles qui sont les plus communes.

Depuis huit ans que l'Amour avoit été chercher

dans le fond de l'Allemagne (8) la Princesse de Hesse-Reinfelds pour l'unir avec M. le duc de Bourbon, gouverneur de notre province, cet heureux hymen qui avoit excité l'envie et la jalousie de quantité de princes, parce que cette princesse passe pour être la plus belle de l'Europe, et qui relevoit en même tems les espérances de la Maison de Condé, n'avoit encore produit aucun fruit (9) ; pourquoi, je n'en sçais rien, ce sont là de ces mystères de la nature qu'il ne m'est pas permis de sonder ; ce que je sçais, c'est que M. le duc n'a pas eu plustot levé l'étendart de la dévotion que Madame la duchesse est devenue féconde ; hé, pourquoi, lui disoit un de ses officiers qu'il honore d'une entière confiance, n'estes vous pas devenu plustôt dévot : cependant pour obtenir un fils, aumônes, prières, vœux, tout avoit été mis en usage : il semble que l'on craigne de voir une fille ; on prépare déjà de grandes réjouissances, si Madame la duchesse accouche d'un fils ; mais on ne dira mot si c'est une fille. Les Lacédémoniens n'en jugeoient pas ainsi, eux qui ont été les plus sages de tous les peuples ; ils ne se réjouissoient pas moins à la naissance d'une fille qu'à celle d'un fils, parce que, disoient-ils, c'est d'elles que naissent les héros, ce sont elles qui font les hommes. On ne pense pas assez avantageusement en France de votre sexe, Madame ; les autres nations lui rendent plus de justice, et avec raison ; les femmes sont capables d'aussi grandes choses que les hommes : nous voïons aujourd'hui deux femmes gouverner et faire mouvoir toute l'Europe à leur gré, je veux dire la Reine d'Espagne (10) et la Kzarine (11).

Ce fils donc tant désiré fit son entrée dans le monde le 9 du présent mois d'aoust, fut-ce de jour, fut-ce de nuit, je n'en sçais rien, c'est ce qu'examineront MM. les chiromanciens, qui se chargeront de faire l'horoscope de l'enfant. Je pourrois cependant me mêler d'augurer pour lui et j'oserois presque asseurer qu'il fera revivre en lui le grand Condé (12), qu'il en aura la valleur et les vertus, aussi bien que le sang, et même qu'il le surpassera : quelles preuves en avez-vous, me direz-vous ; j'apuie ma conjecture sur la longue stérilité de Madame la duchesse : tous les enfans qui sont nés de mères qui ont été long-tems stériles, ont presque tous été de grands hommes, des héros et des plus distingués parce qu'il semble que la nature ait besoin de prendre du tems pour les former, pour préparer, pour purifier la matière dont elle les doit faire naître : l'expérience confirme ma conjecture : parcourez l'histoire, et sainte et prophane, elles vous en fourniront des preuves convainquantes : quand je n'aurois pour moi que Louis XIV (13), j'en ay assés.

La nouvelle de l'heureux accouchement de Madame la duchesse arriva à Dijon le onze du même mois par le canal de M. de Biron (14) qui étoit parti de Paris au moment que cette nouvelle s'y répandoit : il en fit part en arrivant à M. le comte de Tavannes (15) qui attendoit avec une très grande impatience cette heureuse occasion de signaler son zèle pour M. le duc, et en même temps de donner de nouvelles marques de cette magnificence, de cette libéralité, de ce goût fin et exquis en toutes choses, qui paroissent nés avec lui. Aussitôt, par ses ordres, le bruit du canon des tours de la ville (16) et de celles du château (17) répandit dès le matin cette nouvelle par toute la ville, et l'apprit à tous les païs circonvoisins. Les magistrats ordonnèrent d'illuminer le soir toutes les fenêtres et d'allumer des feux devant toutes les portes (18).

Cette ordonnance fut parfaitement bien exécutée et même avec zèle : les Dijonnois, dans tous les tems en pareilles occasions, se sont infiniment distingués des autres peuples : le zèle, la fidélité et l'amour pour leurs princes ont toujours été le caractère dominant des habitans de Dijon : il seroit à souhaiter que les princes eussent autant d'affection pour les peuples, que les peuples ont de zèle pour eux. Dès que le canon eut donné le signal toute la ville parut comme en feu ; ainsi le jugeoient les lieux d'alentour, qui ne sçavoient peut-être pas le sujet de nos fêtes. La nuit eut honte de se voir tant éclairée : les rues étoient

remplies d'une affluence de monde extraordinaire :
les grands, les graves magistrats, la jeunesse va-
gabonde, aussi bien que la populace, tous se pro-
menoient pour voir les illuminations : on étoit
obligé de s'arrêter presque à chaque pas, à cause
de la multitude qui sembloit se reproduire partout :
vous jugez bien que l'on se portoit d'abord dans
les quartiers de ceux qui sont plus interessés que
les autres à signaler leur zèle pour M. le duc :
il étoit en effet très-difficile de pénétrer et devant
chez M. de Tavannes (19) et devant chez le vicomte mayeur (20), leurs hotels étoient très-bien
illuminés : des hau-bois, des tambours excitoient
tout le monde à la danse : c'étoit un vrai plaisir
de voir l'ardeur avec laquelle tout le peuple se
livrait à la joye.

Pendant ce tems-là des salves fréquentes de
plusieurs canons placés sur la gallerie qui couvre
le devant de l'hotel de M. de Tavannes, annon-
çaient et distinguoient les santés différentes que
ce seigneur portoit à plus de 40 personnes, aux-
quelles il donnoit un souper magnifique : on y
servit surtout un poisson magnifique dont voicy
l'histoire.

C'étoit un de ces monstres, semblable à ce fameux turbot, pris du temps de l'empereur Domitien, auprès de la marche d'Ancône (21), et dont
on lui fit présent, don que cet exécrable prince ne
méritoit pas, car il fit arracher toutes nos vignes,

parce qu'il ne pouvoit boire qu'il ne s'enyvrât, et que le vin étoit très-nuisible à sa santé. Celui-cy avoit été pesché dans une rivière près d'une ville de notre province ; il fut aussitot aporté dans cette ville : à la vue de ce poisson, le peuple surpris s'écrie qu'on n'a jamais rien vu de si beau. Le màire à l'imitation de Domitien (22) fit assembler son Sénat pour sçavoir ce que l'on en feroit : il fut déliberé qu'on l'achèteroit pour en faire présent à M. le comte de Tavannes, dès que la nouvelle de l'accouchement de Madame la duchesse seroit arrivée.

Le pescheur, pour me servir icy de l'expression du satyrique romain, vendit son poisson plus cher qu'il n'auroit pu se vendre lui-même ; mais eut-il voulu avoir autant d'argent que son poisson pesoit, cette ville l'eust acheté : rien ne lui coûte en semblables occasions. L'embarras étoit de conserver cette carpe jusqu'au tems de la nouvelle de l'accouchement, et de trouver un endroit ou il fut facile de la reprendre quand on en auroit besoin. Les fossés furent choisis, comme remplis d'une eau très-belle, et ou il croit un limon qui est très-cher aux poissons, mais comment la reconnoitre, la distinguer dans la foule des autres que ces fossés produisent ; on rêva beaucoup : chacun des sénateurs proposoit un expédient : enfin un *Crispus* (23) se lève, se fait prêter silence et dit qu'il n'y avoit qu'un moïen très-simple et très-naturel qui étoit d'attacher des grelots à la teste de la carpe, que ces grelots avertiroient de l'endroit ou elle seroit, et que par cet expédient elle seroit très-facile à reprendre. On applaudit aussitot à l'avis de *Crispus*; on le remercia de son conseil, on admira son esprit fécond en ressource, et à l'instant la teste de la carpe se vit ornée de grelots, comme celle des dames de pendeloques.

La nouvelle de l'accouchement ne fut pas plus tôt arrivée à N..., et elle y arriva presque aussitôt qu'à Dijon, par les bons ordres que le maire avoit donné, que tout le sénat N... courut aux fossés : chacun d'eux écoute attentivement le bruit de l'eau ; on observe un silence semblable à celui que l'on garde à Sept-Fonds (24) ; les grelots ne se font point entendre ; il ne manquoit cependant pas là d'oreilles (25) comme vous jugez bien ; tous nos Midas (26) se désespèrent car on vouloit que M. de Tavannes reçeut la carpe pour le souper qu'il donnoit le soir même, et le soleil avoit déjà fait plus de la moitié de sa course. Comme on vit que les grelots ne rendoient aucun son, et que la carpe ne donnoit aucun signe de vie, tous nos gens allarmés crurent qu'elle avoit été volée : cependant on met tous les pescheurs dans l'eau et à force de filets et d'angins, la carpe fut heureusement retrouvée et aussitôt envoiée à Dijon : elle eut l'honneur d'etre présentée à M. de Tavannes qui étoit au milieu d'un très-beau cercle ; toutes

les dames admirent ce poisson, mais elles furent
fort surprises de voir une carpe avec des pendants
d'oreilles ; il y en avoit qui croioient que c'étoit
une nouvelle mode établie dans l'empire des eaux,
d'autres qui trouvoient cette parure très-jolie et
pensoient dejà aux moyens de la faire recevoir
en France, lorsque l'embassadeur qui présentoit
la carpe en fit l'histoire avec cette ingenuité qui
est le caractère de ce peuple. Le soir le poisson fut
servi : on le trouva d'un goût exquis : on pria
M. de Tavannes de garder dans son cabinet les
grelots de la carpe, car dans quelques cens ans, on
les recherchera avec plus de curiosité que les mo-
numens les plus précieux de l'antiquité romaine,
et ce poisson ne sera pas moins celèbre dans la
postérité la plus éloignée que ce turbot que la
plume de Juvénal a immortalisé.

Mais revenons à nos illuminations : une entre
autres flatta davantage la curiosité, c'est celle de
l'hôtel de M. de Fontète (27) qui est un des plus
beaux de la ville. Vous y avez été souvent voir
un de vos juges qui y loge. Représentez-vous
donc la gallerie qui règne sur la place saint Jean,
et qui réunit les deux ailes de cette superbe maison : il y avoit un rang de bougies sur cette gallerie, un autre rang plus bas, sur les entablemens
ou pose la gallerie, un troisième sur la corniche :
cette illumination avoit été ordonnée par M. de
Fontète de Sommery, capitaine de galères (28),

qui vient d'épouser Mlle Lami l'aînée, une des plus aimables personnes de notre ville : elle étoit sur la gallerie avec beaucoup d'autres beautés dont les feux étoient pour le moins aussi vifs que ceux que répandoient tant de bougies allumées.

Au reste ne croïez pas que nos réjouissances qui auroient pu passer pour complètes en d'autres endroits, ayent été terminées à si peu de choses, ce n'en est icy que le prélude,

Le 12 M. l'évêque de Dijon (29) dont la joye étoit toute dans le Seigneur la manifesta par un *Te Deum* qu'il fit chanter dans son église cathédrale (30) avec toute la solennité possible : il y avoit invité M. de Tavannes et M. l'Intendant qui s'y trouvèrent. M. de Tavannes y vint précédé de tous ses gardes et accompagné de beaucoup de noblesse. Le même jour au soir, M. Burteur, conseiller au parlement, Vicomte mayeur de Dijon, donna dans son hôtel une fête ou il n'avoit rien épargné de tout ce qui pouvoit la rendre magnifique. Combien de guirlandes, de festons, d'inscriptions, d'emblèmes, d'écussons : ils étoient environnés d'une multitude de lampions, qui, suivant l'ordre des corniches, des arcades, des cintres et des fenêtres, faisoient un effet merveilleux.

> Il n'est point de fête sans danse,
> Et si l'on n'y remplit sa pance,

disoit jadis Sancho Pança : il y eut en effet un

grand repas chez M. le maire : il y avoit plus de cinquante personnes : on y célébra fort les santés et du nouveau Prince et de toute son auguste famille : une trentaine de pièces de canon ne cessa de tirer pendant presque toute la nuit, et l'on ne cessa aussi de danser, soit dans les appartemens soit dans la place de l'hôtel de M. le Vicomte Mayeur.

Le 14 Messieurs de la Sainte-Chapelle (31) chantèrent un *Te Deum* dans leur église : M. le Comte de Tavannes et M. l'Intendant y assistèrent : mais hélas, cette église ne résonne plus des doux accents et de la musique enchanteresse qu'y faisoit retentir ordinairement le fameux M. Michel (32), chanoine et maître de cette église, l'Orphée (33) et l'Amphion (34) de nos jours, dont Lulli (35) eut envié la science et les talents, qui a effacé les Berniers (36), les Campras (37), les Lalandes (38), qui, plusieurs fois, a charmé les oreilles de Louis XIV, que Louis XV a gouté et qu'il destinoit pour un des maîtres de sa musique dont toute la France et les nations étrangères acheptent avec empressement les ouvrages, mais sa trop grande application au travail l'a couché et l'a cloué sur un lit de douleur, d'ou l'on croit qu'il ne sortira que pour aller au tombeau : perte irréparable ! en effet jamais musicien n'a fait paroitre plus de science et un gout plus fin et plus délicat ; jamais chant n'a été plus noble, plus majestueux, plus gracieux, et en même temps plus naturel et plus facile : au sortir de ses musiques comme autre fois de celles de Lulli, tout le monde répétoit aisément son chant : enfin il a seu plaire à la Ville et à la Cour : pardonnez, Madame, cette digression, mais je ne puis me refuser de glorifier le vrai mérite quand j'en trouve l'occasion.

Le dimanche suivant, 19 du mois, fut consacré aux réjouissances publiques, c'est-à-dire à celles que les magistrats avoient ordonnées et préparées au nom de la ville (39) : il n'est pas nécessaire de vous dire que les lampions, les emblêmes, les inscriptions, les guirlandes et les festons ne manquoient pas devant l'hôtel de ville (40) : donnez carrière à votre imagination, suppléez à ce que je ne puis vous représenter : les termes me manquent : prenez-vous en, si vous voulez, à la stérilité de notre langue, qui n'a inventé que très peu de mots pour exprimer ces sortes d'illuminations : deux fontaines de vin y couloient : avec quel empressement Bacchus n'y vit-il pas courir ses chers nourrissons ! Le pain, les dragées tomboient avec abondance de toutes les fenêtres.

Entre sept à huit heures du soir, MM. les magistrats, tous en robbe de cérémonie, se transportèrent chez M. le comte de Tavannes, pour le conduire dans l'église des Jacobins (41) ou l'on se préparoit à chanter le *Te Deum :* voici l'ordre de cette marche : on voit d'abord paroitre les sergens majors couverts de leurs manteaux gallonnés d'argent, la hallebarde à la main, ensuite les soldats du guet qui sont au nombre de 200, tous habillés de drap blanc, les manches de leurs habits d'écarlatte et gallonnées en plein d'argent, leurs vestes de même, ensuite marchoient tous les officiers de la milice bourgeoise, chacun selon leur rang et celui de leurs paroisses, les capitaines, les lieutenans, les dixeniers, l'esponton à la main (42), les enseignes portans leurs drapeaux, les apointés (43) avec la pertuisanne (44), les majors conduisoient leurs compagnies : toute cette troupe étoit habillée d'un volant rouge, et leur veste de couleur Isabelle ; chaque compagnie avoit ses tambours, tous encore habillés de rouge avec des gallons blancs sur toutes les coutures, des hau-bois, des bassons, des fifres. Cette milice, qui étoit de plus de 500 hommes, étoit suivie des sergens de la ville (45), couverts de leurs manteaux rouges, faisant porter leurs drapeaux à leur tête, ensuite les tymbales et les trompettes, les gardes du Gouvernement couverts de leurs casaques isabelles, galonnées d'argent, le mousquet sur l'épaule.

Enfin M. le comte de Tavannes marchoit sur la même ligne que M. le Vicomte Mayeur ; ils étoient suivis des échevins (46) et de tous les of-

ficiers qui composent le corps de la magistrature.
Ils entrèrent dans l'église au bruit du canon des
tours de la ville et de celles du Château, et de
plus de cinquante boëtes qui étoient dans la grande
cour des Jacobins : leur église étoit parfaitement
illuminée et remplie d'un très-beau monde : la
musique étoit du sieur La Lande, un des plus
fameux musiciens de ce siècle : elle fut exécutée
par toute l'académie de musique (47) et par tout
ce qu'il y a de musiciens à Dijon : le *Te Deum*
fini, on alla dans le même ordre que l'on étoit
venu, à la place Saint-Jean pour mettre le feu à
l'artifice. Cette marche étoit éclairée presque par
autant de flambeaux qu'il y avoit d'hommes qui
la composoient.

L'artifice étoit disposé sur le même théâtre dont
on se sert la veille de la nativité de Saint-Jean (48),
mais d'une composition plus belle : le feu y fut
mis par M. le comte de Tavannes et par M. le
maire conjointement : il y avoit deux mèches que
chacun alluma. Aussitot on vit une infinité de
dragons de feu voler de toutes parts : il y en a qui
sembloient descendre des cieux, d'autres sortir du
sein de la terre ; ils se rencontrent, ils se croisent,
ils s'éloignent, ils se raprochent, ils font un bruit
qui imite en quelque façon le mugissement de la
mer : enfin, après plusieurs contours, ils viennent
tous se réunir sur le théâtre, ils embrasent tout
ce qui est dessus : aussitôt des saucissons, des

2*

pots à feu sans nombre forment un tonnerre qui ébranle la terre, mille gerbes allumées de grenades que cachoient des masques de différentes figures eclatoient continuellement et remplissoient toute la place de feu ; un soleil posé au-dessus d'une pyramide enflamée sembloit vouloir disputer l'éclat de la lumière à l'astre du jour : il dardoit de toutes parts ses rayons brûlants avec violence ; vous eussiez dit que Phaéton (49) descendoit une seconde fois du ciel, et qu'il alloit embraser toute la terre : chacun fuit et en fuyant, on est arrêté par une multitude inombrable de fusées qui semblent à leur tour vouloir aller porter le feu dans les cieux : on diroit du moins qu'elles en avoient détaché toutes les étoiles, tant elles en répandoient partout.

Ce beau spectacle finit enfin, car hélas, les feux les plus beaux et les plus ardents ne sont pas ceux qui sont de plus longue durée, dit un ancien proverbe, dont maintes personnes n'éprouvent que trop la vérité. De là on alla reconduire M. de Tavannes. Autre spectacle que je voudrois vous décrire, mais comment, je suis au bout de ma science : mon imagination est à sec ; il faudroit du moins sçavoir tous les termes de l'architecture et les sçavoir aussi bien que vous possédez ceux de la marine ; je n'en ay qu'une connaissance superficielle : je me contenterai de vous dire que les lumières formoient sur le mur de l'hôtel de M. de Tavannes, des plaintes, des pilastres, des corniches, des imposts, des archivols, des frontons, des pyramides, des cintres, en un mot tous les ordres de l'architecture : la différence des lumières marquoit la différence des ornemens. Du milieu de ces feux jaillissoient deux fontaines de vin qui furent bientôt épuisées. M. de Tavannes donna ce soir-là un repas à 80 personnes : votre dame de *** fut de cette fête avec Mlle sa fille : icy, Madame, vous qui sans être janséniste (50) lisez votre évangile, ne comparez pas cependant ce repas à celui dont parle saint Luc (51), ou les borgnes, les bossus, les boiteux, les malades furent invités : l'assemblée chez M. de Tavannes étoit très brillante, telle que vous l'avez vue souvent, lorsqu'on avoit le bonheur de vous y posséder : pendant ce souper, les uns dansoient, les autres couroient les rues pour voir les illuminations, et juger des feux des uns et des autres, enfin un peu avant une heure après minuit, on se rassembla devant l'hôtel de M. de Tavannes qu'on n'avoit quitté qu'avec regret, parce que tout y amusoit très agréablement : on avoit disposé sur la gallerie un feu d'artifice : il fut allumé par la jeune dame Devienne (52) ; on ne sçait si c'est l'éclat de ses yeux qui alluma ce feu, ou si ce fut avec un flambeau : il y en a qui crûrent avoir vu le dieu de Cythère qui lui avoit donné le sien, voire même son arc et ses flèches :

jamais elle n'avoit paru si belle et si animée ; quoiqu'il en soit, on fut charmé de son feu au delà de ce que je puis vous exprimer, malgré la chaleur qui étoit très grande ; les dames cependant voulurent danser ; que vous dirai-je enfin, pendant toute cette nuit qui fut moins une nuit qu'un beau jour, les Jeux, les Ris, les Grâces, les Amours, les Dieux mêmes ne cessèrent de folâtrer.

Parmy toutes les grâces qui parurent dans cette fête, les D^{lles} Costheret (53), ces beautés incomparables qui vous charmoient autant par leurs grâces extérieures que par les qualités de leur esprit et de leur cœur, dont l'amour envie depuis longtems la glorieuse conquête, brillèrent et auroient effacé par leur éclat la déesse même des amours, mais je me tais, car il n'apartient qu'aux grâces de se peindre elles-mêmes : je voudrois qu'elles voulussent prendre la peine de vous décrire ce qu'elles ont vu, et que n'ont-elles pas vu ! car comme leurs yeux ne le cèdent en vivacité à personne, rien n'est échapé à leurs regards : elles accompagneroient leur récit de ces grâces qui leur sont naturelles, vous les en aimeriez mille fois davantage. M. de Tavannes qui vouloit que sa fête fut approuvée et exaltée par les pauvres mêmes, leur envoïa, le lendemain, une somme considérable d'argent, qui leur fut distribuée par les curés de leurs paroisses.

Le 20, les officiers de la milice bourgeoise (54)

ayant à leur tête M. le comte de Tavannes commandant de cette province, et M. le vicomte mayeur qui est leur colonel et qui avoit pris ce jour là leur uniforme, vinrent aux Jacobins, ou ils firent chanter un *Te Deum*, ensuitte se rendirent dans l'exercice de l'Arquebuze (55), ou ils se regalèrent : les illuminations, les danses, les canons, les boëtes, tout fut emploïé pour rendre les fêtes complèttes : le même jour MM. les chevaliers de l'Arc (56), et ceux de l'Arbalestre (57) offrirent le même spectacle chacun dans le lieu de leur exercice : ils avoient été auparavant dans l'église des Carmes (58), rendre leurs actions de grâces à Dieu.

Le 21 M. l'intendant (59) donna sa fête : elle commença à six heures du soir par une aumône proportionnée aux besoins des pauvres de la paroisse ou il demeure ; ils y sont en très grand nombre, parce que c'est la paroisse ou il y a plus de misère, il suffit de dire que c'est celle des vignerons (60). Le *Te Deum* suivit l'aumône : la prière est toujours bien reçeue quand elle est présentée par l'aumône. Ce *Te Deum* fut chanté par les R. P. Bénédictins dans leur église (61) : le soir à neuf heures, pour se conformer aux autres, il fit faire un feu d'artifice : le théâtre qui étoit le même que celui de la place Saint Jean étoit élevé sur la terrasse qui termine le jardin de l'Intendance (62) et qui est prise dans les murs de la

ville : ce feu attira le soir toute la ville à la porte
Guillaume (63) parce que c'étoit l'endroit le plus
avantageux pour le voir et surtout l'illumination
qui étoit placée sur la terrasse, sur le portail de
l'église des Bénédictins, sur toutes les fenêtres,
sur le sommet des tours, et sur la flèche ; cette
illumination éclairoit toute la campagne qui étoit
couverte de monde et de carosses. Deux fontaines
de vin couloient à l'entrée de l'Intendance, ou on
dansoit avec une ardeur inconcevable ; grand repas
dans les salles ; voilà tout ce que je sçai de cette fête,
ou la politique, je crois, a eu plus de part que le zèle
et l'amour. M. l'Intendant, malade comme il est,
et d'ailleurs d'une humeur assés mélancolique,
ne peut se plaire dans ces sortes de fêtes : je n'o-
serois vous dire les épithètes qui me viennent
dans l'esprit contre ceux qui se sacrifient ainsy
pour plaire aux princes ; la reconnoissance est
rarement léur vertu : ils la croient incompatible
avec leur grandeur, c'est ce qui me rapelle un
trait d'histoire qui justifie ma pensée.

Gaston de Foix (64), si connu dans nos annales,
passant près de la chartreuse de Gallion (65) en
Normandie, la flèche de son carosse se rompit : les
Chartreux vinrent avec empressement le prier de
leur faire l'honneur d'entrer dans leur maison, et
de s'y reposer jusqu'à ce que son équipage fut
rétabli : Gaston se rendit aux invitations de ces
pères ; ils lui donnèrent un repas le plus magni-

fiquo qu'il leur fut possible ; ce prince témoigna être très-sensible à leur générosité : il leur promit sa protection en toutes occasions : comme ils le reconduisoient, il leur demanda à quoi ils s'occupoient, et quels étoient surtout les sujets de leurs plus fréquentes méditations : ils lui répondirent qu'ils méditoient les vérités de la religion, les grandeurs de Dieu, l'incertitude de la mort. *Més pères*, leur dit-il, *méditez encore ces belles paroles du psalmiste :* « *Ne mettez point votre confiance dans les Princes, il n'y a rien à espérer d'eux.*» *David les connaissoit, lui qui étoit un Prince et un grand Roy*. En disant ces paroles, il monta en carosse et partit.

L'expérience ne convaint que trop de cette vérité que le saint Esprit dictoit lui même à son prophète : une bonne partie de nos cytoïens s'est fatiguée, épuisée pour témoigner à M. le duc la part qu'elle prend à l'heureux accouchement de Madame la duchesse : quelle récompense en recevront-ils ? payra-t'on leur taille (66), M. le duc exigera-t'il moins le tribut onéreux que lui paie la Province, dejà épuisée par d'autres imposts, qu'il n'a jamais pu, qu'il n'a peut-être jamais voulu faire diminuer : convenons donc, Madame, que les peuples sont bien simples, c'est trop peu dire, ils sont fols.

Le lendemain 22 je ne pensois plus aux réjouissances, je les croiois finies ; je passe sur les

six heures du soir près de l'église des Jacobins,
je la vois toute éclatante de lumières, j'entends un
bruit de tymbales, de trompettes qui se mêlant
avec celui du canon me plait et m'amuse beaucoup : j'y entre et je vois que ce sont les Gardes du
corps de son Altesse qui remercient le ciel de la
naissance d'un nouveau maître, comme si nous
n'en avions pas dejà assez, et comme s'ils pré-
voïoient que ce prince qui vient de naitre deut
être comme un autre Titus (67), les délices de ses
sujets, qu'il comptera ses jours par ses bienfaits ;
je les vois dans l'exercice de l'Arquebuze qui se
livrent à une joye non pareille : de là je vais me
promener du côté des Capucins (68) : au travers
des ombres de la nuit, j'aperçois une colonne de
feu, semblable à celle qui, du tems des Pharaon,
servoit aux enfants d'Israël. C'étoit le clocher de
ces bons pères, qu'on avoit tellemant garni, depuis le bas jusqu'en haut, de lampions, qu'il pa-
roissoit réellement une colonne de feu : toutes les
fenêtres de leur bâtiment, et qui sont en très-grand
nombre, étoient illuminées, leur terrasse de même,
ce qui faisoit un effet qui attira la curiosité de
toute la ville. Qui étoient les autheurs de ces réjouissances, me direz-vous, dont retentissoit toute
la capucinière ; c'étoit les gardes du Gouvernement (69) qui avoient voulu imiter le zèle des
Gardes du corps et surpasser leur magnificence.
Le *Te Deum* fut chanté en musique par les capu-

cins qui, du chœur, entrèrent au réfectoire avec tous les gardes, et tous ensemble se livrèrent au plaisir de la table qui fut très-bien servie si l'on en croit à deux dames qui me dirent qu'elles avoient vu porter un souper fort délicat. Je les crois, parce que le mensonge ne repose jamais sur leurs lèvres.

Il arriva une petite avanture au commencement de ce souper, qui troubla un peu la fête, et qui pourra peut-être vous amuser. On avoit servi devant le P. gardien une tourte fort large ; pendant que Sa Révérence bénit la table, le P. Vicaire qui déroboit des yeux tant et de si bons morceaux, enfonce avec avidité son couteau dans la tourte et l'ouvre : à l'instant, on en voit sortir une douzaine d'oiseaux, qu'un malin y avoit enfermés au lieu de béatilles (70). ravis de se voir en liberté, ils prennent un essort rapide, mais comme leurs ailes étoient engluées par le beure et la sausse, ils ne pûrent s'élever bien haut : ils retombent de côte et d'autres, les uns sur les assiettes, les autres sont fort surpris de se trouver dans le fond d'un capuchon : un plus malheureux se trouve pris dans la barbe du gardien, barbe fort épaisse, et si longue qu'elle rasoit la table : par malheur pour l'oiseau, le bon père n'avoit pas eu le tems ce jour là de peigner et d'arranger sa barbe qui étoit melée et pleine de nœuds : l'oiseau s'y trouve comme une caille dans un tramaille (71): plus il fait d'efforts pour s'echaper, plus il serre ses liens, et plus aussi il cause de douleur au père gardien : tous ses frères se troublent et s'allarment : ils se lèvent avec précipitation pour venir le secourir, mais leurs cris effraient l'oiseau : la crainte cependant lui donne des forces; il fit tant enfin qu'il s'échapa ; il est vrai qu'en sortant de sa captivité, il emporta avec lui la moitié de ses chaînes : jugez, mais une dame peut-elle juger de la douleur que ressent un homme à qui on arrache la barbe : c'est un cruel suplice, aussi le gardien en ressent-il encore les douleurs, quoiqu'on eust grand soin d'étuver la playe que l'oiseau en fuïant lui avoit causée. L'ouverture qui est restée au milieu de sa barbe sera à jamais un monument de cette cruelle avanture : je n'ay pas voulu la décrire en vers de peur que vous n'aiez soupçonné le poëte de mêler la fiction avec la vérité.

Mais voicy encore une nouvelle fête : ce fut le 29 qu'elle fut donnée : j'avois l'honneur de passer l'après-dînée de ce jour là dans la charmante bastide de M. le Président Fils-jean (72) avec une tres-agréable compagnie : sur les six heures du soir, nous entendîmes un grand carillon de cloches et un bruit extraordinaire de canons et de boëtes : comme nous rentrions dans la ville, nous rencontrâmes tous les dixéniers de la milice bourgeoise, habillés d'une manière uniforme et fort leste, précédés de tous les tambours, hau-bois et fifres de la ville ; ils sortoient des Cordeliers (73), ou ils avoient fait chanter un *Te Deum :* ils alloient dans l'exercice de l'Arquebuze qu'ils avoient fait illuminer d'une manière qu'on n'avoit encore rien vu de si brillant. Là Bacchus et Momus (74) présidèrent et à voir tous ces messieurs se réjouir, boire, chanter et danser, vous eussiez crû que M. le duc avoit payé toutes leurs debtes, rempli leurs scelliers de vin, leurs greniers de froment et augmenté leurs revenus au delà même de leurs espérances : l'affluence de monde qui les visitoit augmentoit leurs transports, et ce ne fut que le retour du soleil qui les avertit qu'il falloit retourner à leurs ouvrages.

Vous êtes sans doute surprise, Madame, de n'avoir pas encore entendu parler, ny de M. le P. Président (75), ny de ses fêtes ; vous pensez, sans doute, que cet illustre magistrat n'aura pas manqué cette occasion de signaler son zèle et sa générosité ordinaire. Il s'est en effet très-distingué : je ne vous parle pas cependant ny de l'illumination ny des fontaines de vin qui attirèrent un grand concours de monde devant son hôtel (76) : il a fait encore éclatter sa joye d'une manière plus avantageuse au public, plus utile au nouveau prince et plus glorieuse à lui- même : il ne s'est réjoui qu'avec les pauvres de l'hopital général de cette ville : ce sont ses véritables amis, ses enfans bien-aimez, et les uniques objets, de sa tendresse : c'est au milieu d'eux, c'est avec eux qu'il vient se délasser des fatigues du Palais ; quand il est à l'hopital, on peut dire qu'il est dans son centre : l'hopital occupe tous ses soins, tout son esprit, tout son cœur : il n'a de l'inquiétude que pour les pauvres de l'hopital, point de plaisir plus sensible pour lui, que quand, par quelques nouvelles constructions, il leur a procuré quelques commodités qu'ils n'avoient pas ; vous avez vu et admiré souvent les superbes batiments qu'il y a fait construire, surtout cette terrasse magnifique qui est une des plus belles du royaume (77), ou les malades convalescens viennent respirer un air qui les rétablit promptement, tant il est pur, tempéré et sain. Vous avez entendu parler, pendant votre séjour à Dijon des sommes considérables qui, de sa main, comme d'une source que sa charité rend intarissable, coulent et se répandent par tout l'hopital ; il n'attend pas que les plaintes des pauvres, lorsqu'ils souffrent, pénètrent jusqu'à lui, il les prévient, et parmy cette multitude de bienfaiteurs dont l'hopital étale avec reconnoissance les portraits et les noms, je ne sçais s'il y en a un qui ait plus aimé les pauvres.

Il n'eut pas plustôt appris la nouvelle de l'heureux accouchement de Madame la duchesse, qu'il voulût que les pauvres fussent eux-mêmes, par les aumônes dont il les combla, les interprètes de la joye qui le pénétroit et de la part qu'il prend à la satisfaction de L. A. S. Dès le lende- main il régala tous les pauvres que renferme le grand hopital: ils sont au nombre de plus de mille; il avoit épuisé en leur faveur la volaille de la ville et des environs; quelques jours après il traitta de même les prisonniers des deux prisons, ensuite les pères capucins, et les filles du Bon Pasteur (78), enfin tous les pauvres de la ville qui ont le pain de l'aumône générale; il n'oublia pas les pauvres honteux: il donna pour eux une somme d'argent considérable à ceux qui ne les trouvent que parce que la charité les rend ingé- nieux pour les découvrir.

Un exemple si beau fut suivi par M. le P. Pré- sident de la Chambre des comptes (79), qui régala avec la même générosité tous les pauvres du grand hopital, par M. le Président de la Marche (80) qui est à la tête des directeurs de l'hopital et qui signala sa joye par une semblable aumône. M. le Président et tous les MM. directeurs (81) assistèrent au *Te Deum* qu'ils firent chanter par ces pauvres; votre piété, Madame, vous persua- dera facilement que leur chant pénétra plustôt les cieux et fut plus agréable au Seigneur que les musiques les plus mélodieuses et les plus par- faites: parmy cette multitude inombrable de voix et d'instrumens, Dieu souvent n'entend rien, par- ce qu'il est rare que ces sortes de chantres pensent un instant à lui, et vous savez qu'il n'exauce que le cri du cœur.

M. l'Abbé Gagne de Perrigny (82), pénétré de cette vérité, le 1ᵉʳ septembre fit chanter au nom de toute la province, dont il est élu pour la seconde fois, un *Te Deum*, par les dames Jacobines (83) : la piété de ces saintes filles fut tout l'ornement de cette cérémonie ; tout y fut très-simple : cet abbé s'est toujours distingué par la préférence que son goût donne toujours à ce qui est de plus simple. Comme il n'a peut-être pas l'avantage d'être connu de vous, je vous dirai seulement qu'il été jetté dans le même moule que votre Madame de Montperron : leurs corps sont formés à peu près de la même manière, mêmes traits, même taille, même nez, même bosse ; je ne sçai si leur esprit est semblable : celui de notre abbé est très-subtil, très-délicat, très-aisé, mais extremement malin, caustique, singulier : même il s'en glorifie : je crois qu'il rougiroit, s'il pensoit, s'il agissoit comme les autres. De là, pour toutes fêtes, il s'est contenté d'illuminer la gallerie qui règne autour de la place Royale (84) : comme les lampions y étoient en très-grand nombre, le coup d'œil en étoit très-agréable : mais là s'est bornée toute la fête qu'il a donnée : voilà aussi la fin de toutes les réjouissances. C'en est bien assez (85).

NOTES

(1) L'hôtel de Condé était situé dans la rue de Gondi, entre la rue Saint-Lambert, aujourd'hui des Quatre-Vents, et la rue de Vaugirard. Devenue à la fin du xviiⁱᵉ siècle la rue Neuve-Saint-Lambert, la rue de Gondi porte aujourd'hui le nom de rue de Condé.

L'hôtel occupait avec ses dépendances presque tout l'espace compris aujourd'hui entre les rues de Vaugirard, de Condé et Monsieur-le-Prince. D'après Lefeuve (*les Anciennes Maisons de Paris*, t. V) il avait été construit pour Antoine de Corbie, vendu à Albert de Gondi, maréchal de Retz, et cédé par celui-ci, moyennant 40.000 livres, à la reine Marie de Médicis qui en fit présent à Henri de Bourbon, prince de Condé. Piganiol de la Force dit au contraire (*Description de Paris*, t. VI) qu'il fut bâti pour Jean-Baptiste de Gondi, maître d'hôtel de Marie de Médicis, et vendu par lui, en 1612, à Henri de Bourbon, moyennant la somme de 150.000 livres qui fut payée par le roi.

Il fut démoli en 1773 : on a bâti sur son emplacement le théâtre de l'Odéon et percé les rues Corneille, Crébillon, Racine, de l'Odéon et Voltaire, aujourd'hui Casimir-Delavigne.

(2) Louis-Joseph de Bourbon, 8ᵉ prince de Condé, gouverneur de Bourgogne, le 19 mai 1754, fit sa première campagne en Allemagne en 1757. Après avoir émigré, le 17 juillet 1789, il organisa en 1792 l'armée dite de Condé. Rentré en France en 1814, il mourut au château de Chantilly, le 13 mai 1818, et fut inhumé à Saint-Denis.

Il avait épousé, le 23 mai 1753, Charlotte-Godefride-Elisabeth de Rohan-Soubise, morte le 4 mars 1760, et le 24 octobre 1798, Catherine de Brignole, princesse douairière de Monaco, morte en 1813 (Dumax, *Album généalogique de la maison de Bourbon*).

(3) Louis-Henri duc de Bourdon, 7° prince de Condé, était fils de Louis, duc de Bourbon et de Louise-Françoise dite Mlle de Nantes, fille légitimée de Louis XIV et de Mme de Montespan. Né le 18 août 1692, il porta le titre de duc d'Enghien jusqu'à la mort de son père, le 4 mars 1710. Chef du conseil de régence, le 12 septembre 1715, après la mort de Louis XIV, premier ministre de Louis XV, le 2 décembre 1723, il fut disgracié et se retira, le 16 juin 1726, à Chantilly où il mourut le 27 janvier 1740.

Il avait épousé, le 9 juillet 1713, Marie-Anne de Bourbon, fille de François-Louis de Bourbon, prince de Conti, morte sans enfant, le 21 mars 1720 et le 23 juillet 1728, Caroline de Hesse-Rheinfels (Dumax, *Album généalogique de la Maison de Bourbon.*

(4) Charlotte-Caroline de Hesse-Rheinfels était fille du landgrave Ernest-Léopold et d'Eléonore Marie-Anne, princesse de Lœwenstein-Wertheim. Elle mourut le 14 juin 1740.

(5) Henri de Bourbon, 3° prince de Condé, fils d'Henri de Bourbon et de Charlotte-Catherine de la Trémoïlle, né le 1er septembre 1588, mort le 26 décembre 1646, devint gouverneur de Bourgogne, le 1er avril 1631, lors de la disgrâce de Roger de Saint-Lary et de Termes, duc de Bellegarde. Ses descendants lui succédèrent sans interruption dans le gouvernement de Bourgogne, jusqu'à la révolution.

Il avait épousé, le 17 mai 1609, Charlotte-Marguerite de Montmorency, dernière fille du connétable, alors âgée de 16 ans, morte le 2 décembre 1650. Quelques mois après son mariage, le 29 novembre 1609, il dut se retirer à Bruxelles en enlevant sa femme, pour la soustraire aux poursuites amoureuses du roi Henri IV, alors âgé de 56 ans. Après avoir séjourné quelque temps en Italie, il rentra en France après la mort du roi, le 16 juillet 1610.

M. E. Halphen a publié un manuscrit appartenant à la Bibliothèque nationale et relatant ce singulier événement : il est intitulé : *L'Enlèvement innocent ou la retraite clandestine de Monseigneur le Prince avec Madame la Princesse sa femme hors de France, 1606-1610, vers itinéraires et faits en chemin par Claude-Enoch Virey, secrétaire dudit seigneur, à M. Louis Dollé, advocat excellent au Parlement de Paris* (Paris, Aubry, MDCCCLIX.)

De son mariage avec Charlotte Marguerite de Montmorency, Henri de Bourbon eut Louis de Bourbon dit le Grand Condé, Armand de

Bourbon, prince de Conti, et Anne-Geneviève, duchesse de Longue-
ville.

(6) Léon-Victor-Raoul Leclerc, baron de Juigné, né à Fribourg
(Suisse), le 18 janvier 1796, fils de Jacques-Gabriel Olive, vicomte
de Juigné, ancien chef d'escadron d'état-major de la garde royale,
et d'Etiennette-Anthide-Sophie Febvret de Saint-Mesmin, mourut à
Dijon, le 4 mai 1866.

Il avait épousé, en cette ville, le 11 avril 1825, Reine-Marie-Irène
Ranfer de Bretenières, fille de Simon-Pierre-Bernard-Marie Ranfer
de Monceau, baron de Bretenières, premier Président à la cour
royale de Dijon, et de Marie-Françoise-Céline Champion de Nan-
souty.

Peu après son mariage, il résigna ses fonctions de capitaine d'é-
tat-major pour se consacrer entièrement à l'étude et à la satisfaction de ses goûts artistiques et littéraires. Il s'occupa plus spéciale-
ment de recherches généalogiques et se constitua une collection
importante de livres, d'objets d'art et de manuscrits.

Quelques années après sa mort, de 1872 à 1881, Mme la baronne
de Juigné donna à plusieurs reprises à la Bibliothèque de Dijon les
volumes et les manuscrits formant le fonds dit de Juigné, qui com-
prend environ 300 volumes et 168 numéros d'ouvrages manuscrits.

Dernièrement MM. Albert et Gaston Joliet ont acheté à Paris un
portrait de Rameau attribué à Greuze. Il provient de la galerie de
M. de Juigné et a été vendu après la mort de sa fille Mme de Damas, décédée le 4 mai 1897, dans l'incendie du Bazar de la Charité.

(7) Charles-Philibert Milsand, bibliothécaire adjoint de la ville de Dijon, membre de l'Académie et de la Commission des Antiquités, officier
de l'Instruction publique, né à Dijon le 4 février 1818, était fils de
Jean-Joseph Milsand, apothicaire, rue Notre-Dame, 14, et de Clara-
Hélène Gillotte. Il mourut à Dijon, dans sa maison de la rue des For-
ges, le 13 février 1892.

Bibliophile distingué, savant autant qu'homme de bien, Philibert
Milsand possédait toutes les qualités du cœur et de l'esprit : affable
malgré ses dehors quelquefois un peu brusques, on l'appréciait
bien vite, comme il méritait de l'être, une fois qu'on le connaissait.

Il a publié plusieurs volumes et de très nombreuses brochures,
mais son ouvrage le plus important est sans contredit la *Bibliographie bourguignonne* qui lui demanda de longues années de travail

et de minutieuses recherches. C'est le livre indispensable à tous ceux qui, écrivains ou simples amateurs, veulent étudier l'histoire de la Bourgogne.

Il serait à désirer que les précieux documents laissés par M. Milsand puissent être utilisés pour la continuation de cet ouvrage si utile.

(8) La ville de Rheinfels, située sur une île du Rhin, près de Saint-Goar, faisait partie autrefois du comté de Catznelenbogen dans la Hesse. C'est aujourd'hui une forteresse de l'empire d'Allemagne, régence de Coblentz, province du Rhin.

(9) SUR LA NAISSANCE DU PRINCE DE CONDÉ

VERS COMPOSEZ A PARIS L'AN 1736.

Depuis sept ans que faites-vous,
Disoit Momus au dieu de l'Hyménée ;
L'Amour nous fait goûter les plaisirs les plus doux,
Et les Bourbons sont sans lignée.
L'Hymen triste et rêveur ne lui répondit rien :
Il sembloit ressentir une douleur amère
Quand Lucine arriva, portant entre ses bras
Un enfant qu'on eut pris pour le dieu de Cythère.
A cette veuë l'Hymen paroit tout transporté,
Et dans ses yeux la joye éclatte :
Il prend l'enfant, charmé de sa beauté,
A chaque instant il l'embrasse, il le flatte ;
Vois, dit-il à Momus, vois cet enfant charmant,
J'ay passé sept ans à le faire,
Mais un Condé n'est pas l'ouvrage d'un moment :
J'ay rassemblé les grâces de la mère,
Les rares qualitez du père :
Comme moy l'univers en sera satisfait :
Enfin jay reussy, mon ouvrage est parfait,
Le tems ne fait rien à l'affaire.
Poursuis, Hymén, point de repos,
Signale souvent ta puissance :

> Tous les Condés sont des héros,
> On n'en peut trop avoir en France.

(*Fonds de Juigné, Recueil de pièces, vol. VI.*)

(10) Elisabeth Farnèse, fille d'Odoard, prince de Parme, et de Marguerite de Médicis, née le 25 octobre 1692, avait épousé, le 24 décembre 1714, Philippe, duc d'Anjou, devenu roi d'Espagne, le 24 novembre 1700.

Altière, ambitieuse, dévorée du besoin de commander, disent ses biographes, elle avait un sens droit, un esprit à la fois vif et juste, et lorsque la passion et la défiance ne l'égaraient pas, on admirait son adresse à saisir le vrai côté des choses.

Le caractère faible et timide du roi lui permit de prendre sur lui une influence telle, que c'est elle qui véritablement gouvernait l'Espagne.

(11) Anna-Ivanowna, fille d'Ivan Alexeïowitch et de Proskovia Soltykof, née en 1693, épousa, le 13 novembre 1710, Frédéric-Guillaume, duc de Curlande. Veuve le 21 janvier 1711, elle fut proclamée impératrice de Russie à la mort de Pierre II, le 31 janvier 1730. Elle mourut le 28 octobre 1740, après avoir, par son testament du 16 du même mois, désigné pour lui succéder Ivan, agé de deux mois, fils de sa nièce Anne de Mecklembourg, et d'Antoine-Ulric de Brunswick Bevern (*Art de vérifier les dates*).

(12) Louis de Bourbon, 4° prince de Condé, fils d'Henri de Bourbon et de Charlotte-Marguerite de Montmorency, né à Paris le 8 septembre 1621, porta le titre de duc d'Enghien jusqu'à la mort de son père, le 26 décembre 1646.

Après avoir fait ses premières armes au siège d'Arras, en 1640, il fut nommé, en 1643, à l'âge de vingt-deux ans, au commandement de l'armée en Flandre, et le 19 mai gagna la fameuse bataille de Rocroi : ce fut la première de ses nombreuses victoires. Rappelé à Paris par la guerre civile, il y ramena le roi, et peu après, le 18 janvier 1650, fut arrêté par ordre de Mazarin, jaloux de sa gloire et redoutant son ambition.

Détenu à Vincennes, à Marcoussi et au Havre, il ne recouvra sa liberté que le 13 février 1651, et fut nommé gouverneur de Guyenne ; de nouveau en hostilité avec le cardinal, il prit parti pour la Fronde et passa au service de l'Espagne.

Rentré en grâce auprès du roi après le traité des Pyrénées, il reçut le commandement de l'armée de Hollande et racheta un moment de défection par de longs services.

Retiré à Chantilly, en 1679, il mourut le 11 décembre 1686, à Fontainebleau où il avait été voir sa petite-fille, la duchesse de Bourbon, atteinte de la petite vérole.

Il avait épousé, le 7 février 1641, Claire-Clémence de Maillé, fille d'Urbain de Maillé, marquis de Brézé, maréchal de France, et de Nicole du Plessis-Richelieu, décédée le 16 avril 1694 (Dumax, *Album généalogique de la maison de Bourbon*).

(13) Louis XIII épousa, le 25 octobre 1615, Anne d'Autriche, fille de Philippe III, roi d'Espagne, et de Marguerite d'Autriche. Louis XIV, leur fils aîné, naquit seulement le 5 septembre 1638.

(14) La maison de Gontaut, l'une des plus considérables de la Gascogne, remonte à Vital de Gontaut vivant en 1124. La petite ville de Biron qu'elle possédait fut érigée en duché-pairie par Henri IV, le 30 juin 1598, en faveur de Charles de Gontaut, maréchal de France.

Ses armes étaient : *écartelé d'or et de gueule*.

(15) La maison de Saulx, une des plus anciennes de Bourgogne, remonte à Guy, comte de Saulx, seigneur de Grancey, vivant en 1057.

Henri-Charles de Saulx, comte de Tavanes, baron de Lux et de Bourberain, né en décembre 1687, brigadier des armées du roi en 1719, maréchal de camp en 1734, lieutenant général, nommé le 8 février 1728 au commandement du duché de Bourgogne, mourut au château de Lux le 30 août 1761.

Il avait épousé, le 13 mai 1712, Marie-Anne-Ursule Amelot, fille de Michel, marquis de Gournay, ambassadeur en Espagne sous Louis XIV, et de Catherine Le Pelletier de la Houssaie.

Ses armes étaient : *d'azur au lion d'or armé et lampassé de gueule*.

(16) En 1510, *dit Courtépée*, on comptait 18 tours sur les remparts de la ville, savoir : à la porte Guillaume les tours *de Renne, Saint-Georges, Charlieu* et *Saint-Philibert* ; à la porte d'Ouche, les tours *Quarrée, Nancion, Saint-André* et *de Fondoire* ; à la porte Saint-Pierre, les tours *Saint-Pierre* et *de la Bussière* ; à la porte Neuve, les tours *de Saint-Antoine, de Saint-Michel, Rouge* et *Quarteau* ; à la porte Saint-Nicolas, les tours *Saint-Nicolas, au Fermerot, la Trimouille* et *Poinsard-Bourgeoise*.

Plusieurs d'entre elles furent démolies lors de la construction des bastions et demi-lunes en avant des remparts, de 1515 à 1636. Le plan de Mikel, en 1759, n'en indique plus que neuf.

(17) Louis XI, à peine maître de la Bourgogne, le 18 mars 1477, songea à fortifier Dijon et à y faire construire un château fort. Commencé au mois d'août 1478, il fut continué par Charles VIII, et achevé en 1512. Il était flanqué de quatre tours, nommées *Guillaume*, *Saint-Martin*, *Saint-Bénigne* et *Notre-Dame*.

Forteresse puissante, élevée beaucoup plus pour contenir les Dijonnais que pour les défendre, le château a toujours été hostile aux habitants. Sa démolition fut demandée inutilement au roi, notamment après les guerres de la Fronde ; la révolution n'y toucha pas et ce n'est qu'à l'époque où, ayant perdu tout caractère de domination et d'oppression, il n'était plus qu'un monument remarquable, un type devenu rare de l'art militaire français au xv⁰ siècle, un exemple curieux d'architecture et un embellissement pour la ville, que l'on jugea à propos de le démolir (Suisse, *Restauration du château de Dijon*).

Aujourd'hui il n'en reste plus que le souvenir et sa disparition sera toujours, de la part de tout homme intelligent, un motif de blâme à l'égard des municipalités qui se sont acharnées à sa destruction.

(18) La chambre du conseil et de police de la ville de Dijon, instruite de l'heureuse naissance d'un Prince dont S. A . S. Madame la Duchesse, épouse de S. A. S. Monseigneur le Duc, gouverneur de cette province, est accouchée le jeudy neuf du courant, pour donner des marques de la joye, que toute la ville doit ressentir de cet évènement a ordonné et ordonne à tous les habitans d'icelle ville, de quelque qualité et condition qu'ils soient, de faire à neuf heures précises de ce jourd'huy, après le canon de la tour Saint-Nicolas tiré, des feux de bois et de fagots au devant de leurs maisons, et de mettre des chandelles ou illuminations sur leurs fenestres, et ce, pendant la nuit, à peine contre les délinquants de vingt livres d'amende, ce qui sera publié par toutes les rues, places, carrefours et faux-bours de cette ville par les trompettes ordinaires d'icelle, afin que personne n'en ignore.

Fait en la Chambre du conseil et de police de la ville de Dijon, le onzième aoust mil sept cens trente-six du matin.

En marge est écrit : nota que ce jourd'huy, 11e aoust 1736, le canon de la tour Saint-Nicolas a été tiré trois fois, la première le matin, incontinent la nouvelle reçue, à midy et le soir à neuf heures.

(Reg. des délibérations, Année 1736, B. 23).

Quelques jours avant cette délibération la Chambre avait demandé l'autorisation de fêter la naissance du prince que l'on attendait.

Cette autorisation avait été accordée, comme l'indique la lettre ci-après :

29 juillet 1736

Je vous donne avis, Messieurs, que S. A. S. Monseigneur le duc approuve que vous fassiez à l'occasion de la naissance du prince dont S. A. S. Madame la duchesse doit accoucher, les mêmes réjouissances qui ont été faites lors de la naissance de S. A. S. Monseigneur le duc : je connois trop votre respect et votre attachement pour sa personne, pour n'être pas persuadé que vous vous porterez avec le plus vif empressement à en faire éclater les preuves à cette occasion.

Je suis, Messieurs, très porté à vous obliger dans les occasions qui s'en presenteront.

Saulx-Tavanes

A Dijon, ce 29 juillet 1736.

(Correspondance municipale, B. 470.

(19) L'hôtel de Saulx, rue Vannerie, 15, où est né, en 1509, le maréchal Gaspard de Saulx-Tavanes, mort à Paris le 19 juin 1573, a été reconstruit en 1667 et vendu par les Saulx-Tavanes, en 1776 : l'escalier extérieur est une réplique de celui de Bellegarde. Les comtes de Saulx-Tavanes, faits en 1786 ducs héréditaires, mais sans pairie, se sont éteints en la personne de Roger-Gaspard-Sidoine, pair de France, mort à Paris le 12 novembre 1845, à trente-neuf ans (H. Chabeuf, *Dijon, Monuments et Souvenirs*).

(20) Jean-Pierre Burteur, baron d'Antilly, Champseuil, et Lochère, conseiller au Parlement, vicomte mayeur, habitait l'hôtel situé rue de la Liberté, 68. Il avait appartenu à Jean de Villemeureux, correcteur à la Chambre des comptes, et fut saccagé lors de l'émeute dite *du Lanturelu*, le 27 février 1630. Il fut acheté plus tard par les Burteur qui ont construit le corps de logis sur la rue.

Jean-Pierre Burteur était fils de Jean et petit-fils de Guillaume, tous deux conseillers au Parlement.

Leurs armes étaient *d'azur au chevron d'or accompagné de trois flèches posées en pal, la pointe en bas, deux en chef et une en pointe.*

(21) La Marche ancienne province des Etats de l'Église, était divisée en Marche d'Ancône au Nord, et Marche de Fermo, au Sud. Elle forme aujourd'hui une province du royaume d'Italie, dont Ancône, place forte sur l'Adriatique, est la capitale.

(22) Domitien (Titus Flavius Sabinus), empereur romain de 81 à 96, deuxième fils de Vespasien et de Flavia Domitilla, naquit à Rome l'an 803 de la ville, 51 de Jésus-Christ. Envieux, méchant, d'un caractère sanguinaire, il poussa le mépris pour le Sénat jusqu'à le faire délibérer sur la manière d'accommoder un turbot.. C'est le sujet de la satire IVᵉ de Juvénal.

(23) Crispus Vibius, orateur célèbre, vécut puissant à la cour de Domitien jusqu'à l'âge de 80 ans. Juvénal en parle dans sa Satire VIᵉ.

(24) Le monastère de Sept-Fonts, de l'ordre de Citeaux, situé dans le Bourbonnais, à 25 kilomètres est de Moulins, fut ainsi nommé parce qu'en le fondant on trouva sept fontaines.

(25) L'auteur de la relation fait très probablement allusion à une plaisanterie à la mode à l'époque où il écrivait et qui peut faire penser que le poisson dont il parle avait été pêché près de Beaune.

Les habitants de cette ville étaient alors désignés par un sobriquet que rien ne justifiait du reste : on les appelait *les Anes de Beaune.* Piron exploita ce sobriquet qu'il livra aux risées publiques en l'assaisonnant de mille manières (Peignot, *Voyage de Piron à Beaune*).

Une petite brochure publiée au siècle dernier donne à ce sobriquet l'origine suivante. Au treizième siècle vivaient à Beaune des frères, commerçants distingués, du nom de Lasne : au-dessus de la porte de leur maison on voyait en relief la moitié du corps d'un âne. *Les Lasne de Beaune* sont devenus peu à peu, grâce au désir de plaisanter, les *Anes de Beaune.*

(26) Midas, roi de Phrygie, ayant donné son suffrage à Pan dans le combat de la lyre et de la flûte, entre Pan et Apollon, celui-ci se vengea en changeant ses oreilles en oreilles d'âne.

(27) Charles Fèvret, célèbre avocat au Parlement de Dijon, acheta,

le 12 août 1628, moyennant 6500 livres, l'hôtel construit sur la place Saint-Jean par Louis de Chalon, prince d'Orange. Ce prix peu élevé s'explique par le mauvais état du bâtiment principal, démoli en partie par ordre de Louis XI, et plus tard par les soldats en garnison à Dijon pendant la Ligue.

Charles Fèvret, seigneur de Saint-Mesmin et de Fontette, petit-fils de Charles Fèvret, le fit reconstruire. La première pierre de l'hôtel actuel fut posée, le 14 août 1697, par son fils aîné Jacques-Charles, seigneur de Fontette, conseiller au Parlement. Il fut achevé en 1700, et le 24 juin, Charles Fèvret le donna à son fils Jacques par contrat de mariage.

Cette même année, le 18 février, y naissait Charles de Brosses qui devait être une de nos illustrations bourguignonnes et qui mourut à Paris le 7 mai 1779.

Resté dans la famille Fèvret de Saint-Mesmin jusqu'à la révolution, l'hôtel fut confisqué et vendu comme bien national.

(28) Pierre Bernard de Fontette, chevalier, seigneur de Sommery et Chavance, chef d'escadre des armées navales, chevalier d'honneur au Parlement, né le 19 septembre 1696, était fils de Saladin-Hyacinthe de Fontette de Sommery et de Charlotte-Françoise de Chalus.

Il épousa, le 25 août 1736, Lazare, fille de Jean-Denis Lamy, conseiller maître à la Chambre des Comptes et de Marie-Prudence Petit.

Ses armes étaient : *d'azur à trois fasces d'or.*

(29) Jean Bouhier, baptisé à Dijon, paroisse Notre-Dame, le 14 mars 1666, était fils de Jean, seigneur de Versalieu, conseiller au Parlement, et de Claude Bernardon.

Successivement conseiller-clerc au Parlement, de 1693 à 1703, doyen du chapitre de la Sainte-Chapelle, le 4 avril 1706 ; élu du clergé aux Etats de Bourgogne de 1721 à 1723 ; chancelier de l'Université de Dijon, abbé de Saint-Germain d'Auxerre et grand prieur du chapitre noble de Gigny, il devint évêque de Dijon, le 8 avril 1731, lors de l'érection canonique de cet évêché, et fut sacré à Paris le 16 septembre suivant.

Il mourut à Dijon le 15 octobre 1744 et fut inhumé à Saint-Etienne dans le caveau de sa famille.

Ses armes étaient : *d'azur au bœuf passant d'or* (Dumay, *les Evêques de Dijon*).

(30) L'ancienne église Saint-Etienne fut élevée en 343 ; rebâtie en 1045 par Garnier de Mailly et en 1141 par Geoffroy, évêque de Langres, elle fut réparée en 1665, et consacrée le 5 août 1685, par Etienne Le Camus, évêque de Grenoble, mais le portail ne fut achevé qu'en 1721 sur les dessins de Noinville. Erigée en collégiale en 1613, elle devint cathédrale en 1731. Le titre d'abbé de Saint-Etienne fut supprimé et attribué à l'évêque de Dijon.

L'église a été récemment convertie en Bourse de Commerce.

(31) Fondée par Hugues III, sixième duc de la première race royale, en 1172, la Sainte-Chapelle fut dotée de nombreux privilèges et enrichie de trésors considérables par les ducs et les rois.

Au milieu du xiii° siècle les chanoines entreprirent de la reconstruire sur un plan plus vaste, mais les travaux n'avancèrent que fort lentement, aussi était-elle l'œuvre de plusieurs siècles.

Fermée le 8 janvier 1791, elle servit, pendant la révolution, de prison et d'écurie, après avoir été dépouillée de tous les objets d'art qui la décoraient. Échappée par miracle à une destruction complète, elle devait disparaître en 1802, par les soins d'une administration ignorante et peu soucieuse des anciennes gloires de la province (J. d'Arbaumont, *Essai historique sur la Sainte-Chapelle*).

(32) Joseph Michel, prêtre du diocèse de Dijon, maître de musique en cette ville, fut nommé, en 1709, maître de chapelle à la Sainte-Chapelle de Dijon.

Par une convention passée entre lui et le chapitre, le 28 décembre 1709, il fut chargé, pour une période de douze ans, d'entretenir et d'instruire les six enfants de chœur et de leur apprendre la musique. Il devait en outre composer la musique des fêtes solennelles, ainsi que des motets et des psaumes et les signer.

Il lui était permis de donner une fois par semaine un concert chez lui. Il était logé dans une maison payée par le chapitre et recevait en outre 500 livres, 12 feuillettes de vin, 24 pintes de sel et six émines de froment.

Le 11 octobre 1717, sur la présentation du chapitre, il fut nommé à l'une des charges de chanoine musical de la Sainte-Chapelle vacante par le décès de Georges Maire.

Les quatre canonicats musicaux avaient été fondés par Philippe le Bon, le 2 janvier 1432/3 ; il avait affecté pour leur entretien une rente de 780 livres à prendre sur les produits de la saunerie de Salins.

Joseph Michel mourut à Dijon, le 4 novembre 1736, et fut inhumé le lendemain dans le caveau des chanoines.

Les archives départementales possèdent la convention passée entre le chapitre et lui, et la partition d'un *Miserere* (*Archives départementales, série G, n° 1138*).

(33) Orphée, personnage mythique ou réel, né en Thrace, serait fils d'Apollon et de la muse Calliope. Il avait épousé Eurydice qu'il alla chercher aux Enfers. Pluton, cédant à ses chants, lui permit de l'emmener, mais il la perdit à nouveau, parce que, désobéissant à l'ordre qui lui avait été donné, il se retourna pour la regarder avant d'être sorti des Enfers (J. Fétis, *Biographie des musiciens*).

(34) Amphion, fils de Jupiter et d'Antiope, bâtit les murs de Thèbes aux sons de sa lyre. Plutarque lui attribue l'invention de la cithare (J. Fétis, *Biographie des musiciens*).

(35) Lully ou Lulli Jean-Baptiste, né à Florence en 1633, était fils de Laurent de Lully et de Catherine del Serta.

Maître de musique de la famille royale, il fonda, en mars 1672, l'Académie royale de musique (Opéra). Le 24 juillet 1662, il épousa Madeleine, fille de Michel Lambert, maître de la musique du roi et de Gabrielle Dupuy. Il mourut à Paris, le 22 mars 1687, et fut inhumé dans la chapelle des Augustins Déchaussés (Petits-Pères) (J. Fétis, *Biographie des musiciens*).

(36) Bernier Nicolas, né à Nantes, le 28 juin 1664, maître de musique à Saint-Germain-l'Auxerrois, puis à la Sainte-Chapelle de Paris, mourut en cette ville le 5 septembre 1734 (J. Fétis, *Biographie des musiciens*).

(37) Campra André, né à Aix-en-Provence le 4 décembre 1660, était fils de Jean-François Campra, chirurgien en cette ville, et de Louise de Fabre. Nommé maître de musique à la cathédrale de Toulon, à l'âge de 20 ans, il alla ensuite à Arles et à Toulouse. Le 21 juin 1694, il fut nommé maître de chapelle à Notre-Dame de Paris et occupa cette fonction jusqu'au 13 octobre 1700.

Nommé en 1722 à la Sainte-Chapelle du roi, il mourut à Versailles, le 29 juillet 1744 (J. Fétis, *Biographie des musiciens* ; — Jal, *Dictionnaire de biographie*).

(38) Michel Richard de Lalande, né à Paris le 15 décembre 1657,

organiste à Saint-Gervais, à Saint-Jean et au Petit-Saint-Antoine, devint surintendant de la musique du roi en 1683, et occupa ces fonctions jusqu'en 1726.

Après avoir épousé, en 1684, Anne Rebel, fille de Jean Rebel, violon du roi et d'Anne Molleson, et en 1723, Mlle de Cury, fille du chirurgien de la princesse de Conti, il mourut à Paris, le 18 juin 1726. Il peut être considéré comme le plus habile compositeur français de son temps pour la musique d'église (J. Fétis, *Biographie des musiciens*).

(39) Délibération du 18 août 1736.

Après l'expédition des causes et affaires de l'audience, Messieurs étant rentrés à la Chambre du conseil, monsieur le vicomte mayeur a dit que dans le moment que la Chambre eu apris la nouvelle de l'heureuse naissance d'un prince, dont S. A. S. Madame la Duchesse, épouse de S. A. S. Monseigneur le Duc gouverneur de cette province, est accouchée le jeudy neuf du présent mois, pour donner des premières marques de sa joie et de celle de tous les habitans, elle auroit fait exécuter le samedy suivant, onze du dit mois, le contenu en la délibération du mesme jour, que ne pouvant en donner dans ce jour du plus grande, il fut convenu que demain dimanche dix-neuf du même mois il seroit chanté un *Te Deum* en musique, tiré un feu d'artifice et fait de nouvelles illuminations et réjouissances publiques par toute la ville dans l'ordre cy-après.

Premièrement que toute la façade de l'hôtel de ville seroit illuminée de lampions et les fenêtres de lanternes aux armes de S. A. S., que la principale porte du dit hotel de ville seroit ornée de guirlandes de verdures avec trois écussons, le premier à droite aux armes de sa dite A. S., le second à gauche de celles de S. A. S. Madame la Duchesse et le troizième au-dessous, dans le milieu des deux premiers aux armes de la ville.

Que aux deux costés de la ditte porte, il seroit mis deux fontaines de vin et distribution faitte par touts Messieurs de la Chambre, de pain et de dragées au peuple, et que les aubois et tambours sans discontinuation jouroient pendant toutte la nuit.

Que la porte principale de l'hôtel de Monsieur le vicomte mayeur et celles des maisons de Messieurs les Eschevins seroient garnies de guirlandes de verdures, ornées chacune d'un écusson aux armes de S. A. S. et les façades illuminées de lampions, les fenêtres des dittes maisons garnies de lanternes aux armes de sa dite A. S., de même que toutes celles des sieurs officiers de la Chambre : sur quoy, ouy le sindic en ses conclusions et les opinions prises la Chambre a délibéré et ordonné que le contenu cy-dessus sera exécuté suivant sa forme et teneur et qu'elle s'assemblera demain à cinq heures de relevée avec tous les officiers d'icelle à l'hôtel de ville en robes noires et habits dessents pour assister en corps au *Te Deum* qui sera chanté aux P. Jacobins, et au feu d'artifice qui sera tiré à la place Saint-Jean.

Ordonne en outre que le canon de la tour Saint-Nicolas sera tiré deux fois, la première lorsqu'on entrera à l'église, avant que de commencer ce *Te Deum* et la seconde lorsqu'on en sortira, et que tout le luminaire et bougies nécessaires pour éclairer la ditte église seront acheptés aux frais de la ville, de même que les flambeaux qui seront distribués à tous Messieurs à l'issue du *Te Deum* pour aller au feu, qu'il sera fait scavoir à son de trompe à tous les habitants de cette ville de quelques qualités et conditions qu'ils soient, de mettre demain soir après la première volée de canon tirée des chandelles ou illluminations sur leurs fenestres, pour y rester pendant toute la nuit à peine de vingt livres d'amende contre chacun dessobeyssant.

Sensuit la teneur de l'ordre donné par M. le vicomte mayeur pour faire marcher les officiers des paroisses.

Nous Jean-Pierre Burteur, conseiller au Parlement de Bourgogne, vicomte mayeur, prevost, lieutenant général de police, colonel en chef des armes de la ville de Dijon, ordonnons aux majors des sept paroisses de la ditte ville, de faire assembler les officiers municipaux, dizenniers et apointés, tous en habits uniformes, avec tous les sergents des dittes paroisses, aussy en uniformes, dimanche prochain, dix-neuf du courant heure de cinq de relevée en la place Saint-Michel, pour précéder en corps à la cérémonie du *Te Deum* et feu d'artifice qui doivent être chanté et tiré de la part de la ville, en réjouissance de l'heureuse naissance d'un Prince dont S. A. S. madame la Duchesse est accouchée.

Le corps des dits officiers assemblé en la ditte place Saint-Michel en sortira en ordre pour se rendre à l'hôtel de ville d'ou, précédant Messieurs les magistrats, iront en l'hôtel de M. le comte de Tavanes, ensuite en l'église des P. Jacobins où le *Te Deum* étant chanté en sortiront dans le même ordre pour aller à la place Saint-Jean, ou touts les dits officiers se rangeront dans l'endroit le plus convenable qui leur sera marqué, et après le feu tiré, reconduiront mon dit sieur comte de Tavanes en son hôtel, et Messieurs les magistrats au dit hôtel de ville.

Fait à Dijon le 18e aoust 1736.

BURTEUR.

Et ce jourd'huy dimanche 19° aoust 1736, MM. les vicomte mayeur, eschevins, procureur sindic, secrétaire et autres officiers de la Chambre, assemblés à l'hotel de ville, sur les cinq heures de relevée, en robes noires et habits dessents, en exécution de la délibération du jour d'hyer, ils ont commencé par faire couler les fontaines de vin et distribuer le pain et les dragées au peuple qui étoit dans la rue après quoy, sur les six heures tous les officiers principaux qui étoient assemblés à la place Saint-Michel avec tous les dizenniers et apointés, tous en habits uniforme et plumet sur le chapeau ayants leurs armes blanches et tous les sergents des sept paroisses aussy en leurs habits uniforme, l'hallebarde à la main, étants arrivés en bon ordre de marche ayant à leur teste, les quatre aubois et le basson de la compagnie franche de S. A. S. précedés des dits sergents, les quatorze tambours de la ville et le fiffre, aussy habillés de leurs habits uniforme, étants dispersés par chaque parroisse, dans le centre de touttes lesquelles étoient leurs drapeaux, portés par les enseignes d'icelles, ils ont passé sous le vestibule et par la cour de l'hotel de ville, ou ils ont salué Messieurs, après avoir touts defilés en l'ordre cy-dessus, les deux trompettes de la ville et les sergents de la mairie d'icelle, couverts de leurs manteaux, l'épée au costé, les deux de garde portant les hallebardes, devant M. le vicomte mayeur étant à leur suitte, ont precedé Messieurs en corps à l'hotel de M. le comte de Tavanes, lieutenant et commandant pour sa majesté dans cette province, invité par la Chambre de se trouver au *Te Deum* et à la cérémonie du feu, ou étant arrivé, ils ont bordé de part et d'autre depuis la porte de la cour du dit hotel jusqu'à la place Saint-Jean, Messieurs ayant été invités d'entrer dans les apartements de mon dit sieur comte de Tavanes par ses officiers qui les auroient conduits dans une salle auprès de luy ou étant et peu de temps après les troupes ayant défilés M. le comte de Tavanes précédé de ses gardes et officiers est sorti avec tous Messieurs, marchant à la droite de M. le vicomte mayeur qui étoit precedé des trompettes et sergents et dans ce même ordre qu'on étoit venu, et tous Messieurs ensuite sont allés dans cet ordre à l'église des Pères Jacobins, les troupes étant allé jusqu'à la porte d'icelle ont bordé de part et d'autre jusqu'au dessus de la rue de la Poissonnerie, ou étant mon dit sieur comte de Tavanes a pris place devant le sanctuaire, ayant un prie-Dieu et un fauteuil de préparés, Messieurs ayant pris place aux stalles du chœur de part et d'autre, M. le vicomte mayeur ayant un tapis et un carreau devant lui, les choses ainsy disposées, le *Te Deum* a été chanté en musique après lequel on a distribué un flambeau blanc à M. le comte de Tavanes et un à M. le vicomte mayeur et à touts Messieurs, chacun un flambeau de cire jaune, après quoy on est allé à la place Saint-Jean dans le même ordre que cy-dessus, ou étant les troupes ayant bordé de part et d'autre depuis le coin du Miroir et autour du théâtre du feu, il a été fait trois tours autour d'iceluy, après lesquels mondit sieur comte de Tavanes et M. le vicomte mayeur ayants tous les deux mis le feu dans le même moment aux deux mèches qui leur ont été presentées ils se sont retirés avec touts Messieurs qui étoient à leur suitte, pour voir tirer le feu d'artifice, après quoy, toujours dans le même ordre que cy-dessus, on a reconduit mondit sieur comte de Tavanes à son hotel, d'ou Messieurs s'en sont allés à l'hotel de ville dans le même ordre qu'ils en étoient sortis, precedés des dits sieurs officiers et sergents d'ou chacun s'est retiré, tous Messieurs de la Chambre ayants été invités par M. le comte de Tavanes à souper chez luy : ils y ont été après avoir osté leurs robes et habits de cérémonie.

Nota, que lorsqu'on est entré à l'église, le canon de la tour Saint-Nicolas a été tiré, avec deux douzaines de petits canons qui étoient dans la cour des Pères Jacobins, et que, lorsqu'on en est sorty, il a été fait la même chose.

Burteur.

(Registre des délibérations, année 1736, B. 370).

Quelques jours après la Chambre a délibéré qu'il sera écrit à S. A. S. monseigneur le Duc, par la poste de mardy prochain, une lettre dont la teneur s'en suit.

MONSEIGNEUR,

La naissance d'un prince attendu avec tant d'impatience nous cause une joye si parfaite, que nous pourrions difficilement l'exprimer à Votre Altesse Sérénissime. Elle éclate dans cette capitale ; ses habitants s'empressent chaque jour à en donner des marques publiques. Permettez-nous, Monseigneur, de vous témoigner les sentiments dont nous sommes pénétrés dans cet heureux événement : Parmi les acclamations générales nous adressons nos vœux au ciel, pour la conservation de S. A. S. madame la Duchesse et du gage certain du bonheur de cette princesse. Nous sommes avec un très profond respect, Monseigneur, de V. A. S. les très humbles et très obéissants serviteurs.

Les vicomte mayeurs, eschevins et sindic de la ville de Dijon.

La réponse à cette lettre est ainsi conçue.

A Chantilly ce 31 aoust 1736.

Messieurs les vicomte mayeur, et eschevins de Dijon, je reçois avec plaisir votre compliment sur la naissance du prince de Condé et je vous en fais mon remerciement. Les intérêts de cette ville me seront toujours chers, et vous devez être bien persuadés de mon affection : je suis,

Messieurs les vicomte mayeur et eschevins de Dijon,

Votre meilleur ami,

L.-H. de BOURBON.

(*Correspondance municipale*, B. 476).

(40) Le 9 décembre 1500, les magistrats municipaux de Dijon achetèrent moyennant 3.175 livres, par acte reçu Gasteréaul, notaire à Dijon, l'hôtel Rollin, qui leur fut vendu par Gaspard de Talaru, dont la femme Marguerite était fille de Guillaume Rollin.

Cet hôtel avait été construit vers 1440, par Nicolas Rollin et avait coûté environ 20.000 livres. La mairie y fut installée en 1511 et y resta jusqu'en 1831.

Le 18 avril 1833, l'hôtel fut acheté par le Conseil général pour y placer les Archives (Garnier, *les Deux premiers hôtels de ville de Dijon*).

(41) Les dominicains, connus autrefois sous le nom de Jacobins, à cause de leur maison de la rue Saint-Jacques, à Paris, furent appelés à Langres en 1231 par Hugues de Montréal, évêque de cette ville. En 1237, Alix de Vergy, veuve du duc Eudes IV, acheta pour eux les terrains nécessaires pour constituer une communauté à Dijon. Deux ans plus tard, au mois d'août 1239, l'église était élevée : fermée à la révolution, elle devint un marché et disparut en 1874 pour la construction des halles (*Almanach de la province de Bourgogne, année 1778*).

(42) L'esponton était une demi-pique dont étaient armés tous les soldats d'infanterie.

(43) Les appointés étaient les hommes qui recevaient une plus haute paye à raison de leur ancienneté de service.

(44) La pertuisane était une espèce de hallebarde ayant un fer plus long, plus large et plus tranchant.

(45) Les sergents de la ville étaient au nombre de vingt : dans les cérémonies publiques ils marchaient devant le vicomte mayeur.

(46) Les échevins, au nombre de six, étaient à l'époque des fêtes MM. Prinstet, Sordet, Clerget, Brunon, Roche et Goujon.

(47) En 1725, Rameau organisa à Dijon une société composée d'amateurs et de musiciens payés : elle donna des concerts dans la grande salle des Jacobins, puis dans une maison appartenant au maître des comptes Cotheret, vis-à-vis Notre-Dame.

Deux ans après, en 1727, les habitués reprirent le bail consenti à Rameau, et, après l'avoir dédommagé des dépenses faites par lui, nommèrent douze directeurs chargés de gouverner la société réorganisée qui prit le nom d'Académie de musique.

Au mois d'avril 1728, la nouvelle société obtint du prince de Condé une des salles du Palais des Etats : mais, malgré tous leurs efforts, les directeurs ne purent parvenir à pacifier les querelles qui survenaient souvent entre les musiciens, et l'Académie de musique disparut en décembre 1736 (*L'Académie de musique à Dijon, les Deux Bourgognes*, tome VIII).

(48) L'usage des feux de joie remonte à la plus haute antiquité : lors de l'établissement définitif de la religion chrétienne, l'Eglise ne put complètement réagir contre les pratiques superstitieuses accompagnement obligé de toutes les fêtes populaires. Les feux de joie continuèrent comme par le passé, mais ils furent placés sous

le patronage d'un saint, notamment, le 24 juin, en l'honneur de la nativité de saint Jean-Baptiste.

Dès le xiie siècle la place Saint-Jean longue et large fut choisie comme le lieu le plus propice à cette fête, qui ne disparut qu'à la révolution (J. Garnier, *le Feu de la Saint-Jean à Dijon*).

(49) Phaéton, fils du dieu du Soleil et de Climène, fille de Jupiter, demanda à Apollon la permission d'éclairer le monde pendant un jour seulement, en conduisant son char. Ayant mal dirigé les chevaux du Soleil et s'étant trop approché de la terre, il commença à l'incendier. Jupiter irrité prévint un embrasement général en le foudroyant.

(50) Le jansénisme a pour origine les erreurs de Luther et de Calvin, sur la grâce et le libre arbitre, condamnées par le concile de Trente et renouvelées dans l'ouvrage intitulé *Augustinus*, par Jansénius, disciple de Baïus et son successeur à l'Université de Louvain (Dézobry, *Dictionnaire de biographie et d'histoire*).

(51) Évangile selon saint Luc, ch. xiv, v. 16.

(52) Henriette-Marie-Pélagie, fille de Henri-Charles de Saulx, comté de Tavanes, gouverneur de Bourgogne, et de Marie-Anne-Ursule Amelot, épousa, au mois d'avril 1731, Louis-Henri, comte de Vienne, mestre de camp de cavalerie, fils de Louis de Vienne, comte de Commarin et de Marie Comeau. Elle mourut à Dijon, le 23 mai 1766 et fut inhumée à la Sainte-Chapelle, au tombeau de la famille de Vienne.

La bibliothèque de Dijon possède deux pièces publiées à l'occasion de ce mariage, elles sont intitulées : 1º *Les Oracles du destin, sur l'alliance de Mademoiselle de Tavanes avec Monsieur le comte de Vienne*, Dijon, 13 avril 1731 ; — 2º *Epitalame pour le mariage de Mademoiselle de Tavanes avec Monsieur le comte de Vienne*, Dijon, de Fay, MDCCXXXI.

(53) Adrien Cotheret, maître à la Chambre des comptes, du 8 janvier 1709, au 13 octobre 1743, épousa, le 23 juin 1708, Anne-Avoye, fille de Pierre Gautier, auditeur des comptes, et de Jeanne Michéa. Il eut deux filles, Jeanne qui épousa Claude Nicaise, maître des comptes, et Claude, qui épousa, le 24 février 1740, Antoine-Bénigne Lamy, seigneur de Samerey, conseiller au Parlement.

Les armes de la famille Cotheret étaient : *d'azur à une fusce d'argent, accompagnée en chef d'un coq aussi d'argent, et en*

4*

*pointe d'un croissant de même, surmonté de deux flèches en sautoir
aussi d'argent* (D'Arbaumont, *Armorial de la Chambre des comptes).*

(54) La milice bourgeoise était commandée par le vicomte-mayeur
ayant le titre de colonel de la ville de Dijon. Il avait, sous ses ordres,
sept capitaines, sept lieutenants, sept enseignes, huit majors et
trente-un dizeniers, dont cinq pour la paroisse Notre-Dame, six
pour la paroisse Saint-Jean, et quatre pour chacune des paroisses
Saint-Michel, Saint-Médard, Saint-Nicolas, Saint-Pierre et Saint-
Philibert.

(55) La compagnie de l'Arquebuse, fondée régulièrement en
1525, avait ses réunions au lieu dit *la Saussaye.* On croit, sans cependant en être certain, que le 26 juin 1595, Henri IV, se trouvant
à Dijon, tira l'oiseau au-dessus d'un peuplier qui existe encore aujourd'hui (J. Lavalle, *le Peuplier de l'Arquebuse).*

Au mois de mai 1715, un grand prix fut tiré pendant la réu-
nion des Etats et fut l'occasion de grandes fêtes à Dijon (E. Lory,
Une page de l'histoire des chevaliers de l'Arquebuse).

(56) La compagnie du jeu de l'arc, établie en 1393, par lettres
patentes de Philippe le Hardi, approuvée par Philippe le Bon en
1427, fut confirmée par Henri IV en 1603 (Courtépée, *Description
du duché de Bourgogne).*

(57) La compagnie de l'Arbalète est à peu près du même temps
que le jeu de l'Arc. Le lieu de ses réunions, était un jardin situé
rue Prévost-Guillaume, plus tard, rue de la Maison-Rouge. C'est
la partie de la rue Berbisey qui se trouve aujourd'hui entre les rues
Crébillon et de la Manutention. Le terrain avait été vendu à la
ville en 1496, par Huguenin Barbiseau (Ph. Milsand, *les Rues de
Dijon).*

(58) Les Carmes établis, en 1351, rue Saint-Jean, aujourd'hui
rue Monge, furent transférés, onze ans après, dans la rue Corroye-
rie, aujourd'hui, de la Préfecture, et plus tard dans la rue Gauche,
aujourd'hui rue Crébillon.

Leur chapelle fut consacrée le 31 mai 1478, par Guy Bernard,
évêque de Langres, et la première pierre du clocher fut posée le
23 octobre 1507. Les bâtiments de leur couvent sont occupés ac-
tuellement par les sœurs de la Visitation rétablies à Dijon en 1822,
par Mgr de Boisville, évêque de Dijon (*Almanach de la province
de Bourgogne, année 1780).*

(59) Les Intendants, agents royaux, chargés de veiller dans les provinces à l'administration de la police et des finances, furent créés par Henri II. Ils portaient alors le titre de : *Commissaires départis pour l'exécution des ordres du roi.*

Pierre-Armand de la Briffe, marquis de Ferrières, intendant à Caen, fut nommé à Dijon en 1712 ; il y mourut en 1740 et fut inhumé à Saint-Philibert.

(60) La paroisse Saint-Philibert était la plus ancienne de Dijon : elle existait, *dit Courtépée,* dès le xie siècle : d'après un usage remontant à l'institution de la commune, les assemblées générales des habitants se tenaient dans le cimetière situé dans le terrain environnant l'église (P. Foisset, *Saint-Philibert de Dijon et l'architecture romane en Bourgogne.*

(61) L'abbaye de Saint-Bénigne, fondée par saint Grégoire, 16e évêque de Langres, fut consacrée en 535 ; l'église, qui tombait en ruines, fut réédifiée par l'abbé Guillaume et consacrée en 1106, par le pape Pascal II. Ruinée à nouveau par la chute d'une tour en 1271, elle fut reconstruite par l'abbé Hugues et terminée en 1288 : la flèche, démolie en 1885, a été réédifiée en même temps que l'on procédait à une restauration générale de l'église.

(62) L'hôtel de l'Intendance était situé vis-à-vis le portail de l'église Saint-Bénigne, à côté des jardins de l'abbaye sur l'emplacement desquels fut ouverte, en 1798, la rue Docteur-Maret. Le 2 juillet 1781, le président Bouchu de Lantenay vendit à la province l'hôtel qu'il possédait rue Porte-au-Fermerot. L'Intendance y fut installée et y resta jusqu'à la révolution. En 1800 l'hôtel devint la Préfecture.

(63) Le 22 août 1782, au moment où commençaient les travaux d'achèvement du Palais des Etats, la Chambre de ville de Dijon demanda aux Elus de lui céder le portail du logis du Roi, qui allait être démoli pour le placer à l'entrée de la ville, à la porte Guillaume.

Le 10 septembre suivant, les Elus firent droit à la demande du maire à condition que la nouvelle porte serait appelée Porte de Condé, et qu'on y placerait d'un côté les armes du Roi, et de l'autre celles du prince de Condé ; mais les dimensions de l'édifice étaient trop restreintes, pour une porte de ville : le projet fut abandonné pour celui qui a été exécuté et existe encore aujourd'hui.

(64) Gaston de Foix, duc de Nemours, fils de Jean de Foix, vicomte de Narbonne et de Marie d'Orléans, sœur de Louis XII, naquit en 1489. Ayant été placé à la tête de l'armée royale en Italie, en 1512, il prit Brescia, vainquit les Vénitiens près de Castiglione et gagna la bataille de Ravenne où il fut tué.

(65) Gaillon, chef-lieu de canton de l'arrondissement de Louviers, dans l'Eure. On y voit les restes du château des archevêques de Rouen dont la construction fut commencée en 1500 par le cardinal Georges d'Amboise ; démoli en grande partie à la révolution, il fut reconstruit, en 1812, pour servir de maison de détention.

Les débris de la chartreuse existent encore.

(66) La taille créée par saint Louis ne fut d'abord qu'une levée extraordinaire destinée à fournir les subsides nécessaires en cas de guerre. Elle devint perpétuelle sous Charles VII. La noblesse et le clergé en étaient exempts.

(67) Titus-Flavius-Sabinus Vespasianus, fils de Vespasien, né l'an 793 de Rome, 40 ans après Jésus-Christ, empereur de 79 à 81, fut surnommé *les délices du genre humain* : il ne régna que 27 mois.

(68) Le couvent des Capucins fut fondé en 1602 par Joachin de Damas, seigneur de Fontaine : c'est grâce à ses libéralités qu'ils purent acquérir les terrains sur lesquels s'élevèrent, dès 1603, les bâtiments destinés à leur communauté : la chapelle fut consacrée en 1610. Fermé à la révolution, le couvent devint un hôpital puis une caserne, aujourd'hui caserne Vaillant (L. de Gouvenain, *Notice sur le couvent des Capucins*).

(69) Le gouverneur de la province avait pour sa garde ordinaire une compagnie de trente-trois gardes à cheval, commandée par un capitaine, un exempt, un cornette, un maréchal des logis et une compagnie à pied, dite *de la Porte*, commandée par un capitaine. L'établissement de cette dernière compagnie remonte au temps des premiers ducs, dont elle composait la garde, sous le nom *d'archers du corps, d'arbalétriers, de hallebardiers*, et enfin *d'arquebusiers* (*Courtépée*).

(70) On appelait béatilles, les petites viandes dont se composaient les pâtés et les tourtes, comme les riz de veau, palais de bœuf, crêtes de coq, truffes, etc. (*Dict. de Trévoux*).

(71) On appelait tramail un filet composé de trois rangs de mailles

les unes devant les autres, dont celles de devant et de derrière sont
fort larges, et faites d'une petite ficelle. La toile du milieu qui s'ap-
pelle *la nappe* est faite d'un fil délié (*Dict. de Trévoux*).

(72) Jean Filzjean, seigneur de Mimande, fils de Jean-Baptiste
Filzjean, seigneur de Mimande, maître à la Chambre des comptes,
et d'Elisabeth David, fut reçu président à la Chambre des comptes,
le 16 juin 1713, et mourut le 5 mai 1762.

Ses armes étaient : *d'azur au chevron d'or, accompagné de trois
étoiles de même, au chef d'or, chargé de trois croix pattées de
gueules.*

(73) Le couvent des Cordeliers fut fondé en 1243, et leur chapelle consacrée en 1371. Rebâtie en 1651, elle fut consacrée à nouveau, en 1680, par Henri-Félix de Tassy, évêque de Chalon. On y
voyait autrefois la chapelle des Brulart, où les premiers présidents
de ce nom ont été inhumés, et celle des Legouz de la Berchère.
Les statues qui ornaient les mausolées du président Legouz de la
Berchère et de sa femme Marguerite Brulart ont été transportées à
Saint-Bénigne.

(74) Bacchus, fils de Jupiter et de Semelé, était le dieu du vin,
dans la mythologie grecque, et Momus, fils du Sommeil et de la
Nuit, selon Hésiode, était celui de la raillerie.

(75) Jean de Berbisey, baron de Vantoux, seigneur de Ruffey et
Belleneuve, était fils de Jean, président à mortier au Parlement, et
d'Elisabeth Bouhier. Né à Dijon, le 9 août 1663, il mourut en son
hôtel, le 28 mars 1756, léguant sa terre de Vantoux et ses hôtels
aux premiers présidents ses successeurs.

Conseiller, puis président à mortier, il devint premier président
le 19 novembre 1715, et fut reçu le 13 janvier 1716. Il avait épousé
Nicole de la Motte, fille de Jean, conseiller, et de Claudine de Thésut.
Ses armes étaient : *d'azur à une brebis paissante d'argent.*

(76) L'hôtel de Berbisey est situé dans la rue de ce nom, au n° 25.
C'est celui qu'occupait le premier président : il possédait aussi celui
qui porte aujourd'hui le n° 27 et qui est connu sous le nom de petit hôtel de Berbisey.

Antérieurement un de ses ancêtres, Etienne, conseiller au Parlement en 1534, avait occupé la maison située au n° 21, et qui fut
reconstruite au xvii° siècle.

Un peu plus loin, au n° 19, on voit encore, au fond d'une cour, les restes d'un logis, première demeure authentique des Borbisey. Il avait été construit en 1465, par l'aïeul d'Etienne qui habitait au n° 21 (H. Chabeuf, *Dijon, Monuments et Souvenirs*).

(77) Une plaque en marbre noir, placée aujourd'hui dans la salle des hommes, à l'hôpital de Dijon, rappelle les donations importantes faites par le premier président, Jean de Berbisey, la construction des bâtiments et de la grande terrasse.

Le 20 août 1720, il avait donné à la ville de Dijon une somme de 60.000 livres, destinée à acheter les maisons à démolir pour l'agrandissement des rues et l'embellissement de la ville.

(78) Fondée vers la fin de l'année 1678, par Bénigne Joly, la maison du Bon Pasteur fut, pendant plusieurs années, l'objet des pérsécutions de la mairie de Dijon. Anne Paillot, qui en avait la direction, obtint, en juillet 1687, seulement, un édit royal autorisant définitivement son établissement. Cet édit fut enregistré au parlement le 14 août suivant.

Fermé à la révolution, le couvent fut reconstitué en 1836, par la sœur Marie de Jésus, née Malteste, hospitalière de Dijon : il existe encore.

(79) Jean Rigoley, seigneur de Mipont, Puligny et le Pasquier, fils de Claude, premier président à la chambre des comptes, et de Odette-Thérèse Languet de Rochefort, fut pourvu de la charge de premier président le 11 février 1716, mais n'entra en possession que quelques années plus tard, lorsqu'il eut atteint sa 27ᵉ année.

Il mourut en 1759, après avoir épousé Philiberte-Françoise de Siry. Il laissa la réputation d'un magistrat éclairé et d'un homme charitable.

Ses armes étaient : *d'azur au chevron d'or accompagné en chef de deux étoiles de même et en pointe d'un faisan aussi d'or.*

(80) Claude-Philibert Fyot de la Marche, comte de Bosjan, baron de Montpont, né le 12 août 1694, était fils de Philippe Fyot de la Marche, président à mortier, et de Madeleine de Mucie. Conseiller puis président, il devint premier président le 16 janvier 1745 et fut reçu le 21 janvier suivant.

Ce fut lui qui constitua le domaine de Montmusard : cette terre était entachée de roture : en 1749, le premier président demanda à MM. de la ville qui en avaient la seigneurie de la lui sous-inféoder, mais il ne put l'obtenir.

Il mourut le 3 juin 1768, à l'âge de 74 ans, et fut inhumé à l'église Saint-Michel, au tombeau de sa famille.

Il avait épousé Marguerite Baillet, fille de Lazare, président à mortier et de Marthe de la Michodière.

Ses armes étaient : *aux 1 et 4 d'azur au chevron d'or accompagné de trois losanges de même,* qui est de Fyot, *aux 2 et 3 de sable à trois bandes d'or,* qui est de la Marche.

(81) L'hôpital du Saint-Esprit fondé en 1204, par Eudes III, septième duc héréditaire de Bourgogne de la première race royale, fut administré d'abord par les religieux qui y avaient été amenés par le fondateur.

Le 14 mai 1522, le vicomte mayeur fut autorisé *à commettre deux ou trois personnages de la ville pour, avec le procureur général veiller à l'administration de l'hôpital.*

Le 4 avril 1648, l'administration qui avait été laissée, en partie du moins, aux religieux du Saint-Esprit, fut confiée à une commission dont les membres prirent le nom de directeurs.

(82) Amé-Claude-François Gagne de Perrigny, abbé de Châtillon et de Livry, chanoine de Notre-Dame de Paris, fut élu du clergé de 1727 à 1736.

(83) Le couvent des Jacobines s'élevait place Royale, aujourd'hui place d'Armes, sur l'emplacement de l'ancien hôtel des évêques ducs de Langres : les bâtiments subsistent encore dans la cour qui sert de passage entre la place d'Armes et la rue Vauban. Ce couvent fut supprimé en 1768.

(84) Au commencement du xviii⁰ siècle, la petite place située en avant du logis du roi était désignée sous le nom de place Saint-Barthélemy : antérieurement elle avait été appelée place du Chatel et place Saint-Christophe.

Le 3 mai 1681, le roi ordonna son agrandissement, afin de dégager les abords du palais des Etats dont la construction allait être commencée.

La place servait de carrefour à la rue du Palais, qui se prolongeait jusque-là, et à la rue de la Sainte-Chapelle, aujourd'hui rue Rameau. Le reste de l'espace occupé aujourd'hui par la place d'Armes comprenait un îlot de maisons de forme triangulaire, confiné au nord par la rue de la Sainte-Chapelle, à l'ouest par la rue du Palais prolongée et le débouché de la rue Saint-Fiacre, aujourd'hui rue Vauban.

à l'est par une rue s'embranchant sur celle du Palais et aboutissant à celle de la Sainte-Chapelle à la hauteur de l'entrée de la cour de Bar.

Commencés le 3 juillet 1682, par Pierre Lambert, entrepreneur, les travaux furent terminés en 1684. Noinville avait donné les plans dont l'exécution coûta 220.000 livres. La place prit alors le nom de place Royale.

Les 26 et 27 septembre 1725, on y éleva la statue de Louis XIV par le Hongre, renversée les 14 et 15 août 1792.

(85) Toutes les fêtes étaient terminées; il s'était écoulé près d'un mois, depuis la naissance du prince qui les avait motivées, et cependant la Chambre de ville crut devoir envoyer une députation au prince de Condé, afin de le féliciter, comme l'indique la délibération ci-après :

Ce jourd'huy lundy, 3ᵉ septembre 1736, heure de dix du matin, la Chambre extraordinairement assemblée, Mᵉ Jean-François Joly, avocat à la Cour, sindic de la ville de Dijon, a dit que pour donner à S. A. S. Monseigneur le Duc et à S. A. S. Madame la Duchesse, de plus grands témoignages de la joye que toutte la ville et tous les habitans ressentent de la naissance d'un prince, dont sa dite A. S. Madame la Duchesse est accouchée, il paraissait indispensable de députer deux de Messieurs les échevins, pour se transporter incessament à Paris, et complimenter, au nom de tous les habitans, S. A. S. Monseigneur le Duc, et S. A. S. Madame la Duchesse sur un évenement aussy intéressant pour la capitale de son gouvernement.

Sur quoy, ouy le sindic en ses remontrances, et les opinions prises : La Chambre, a député et députe MM. Roche et Arnoult, avocats, second et quatrième eschevins, pour aller incessament à Paris, témoigner au nom de cette ville à S. A. S. Monseigneur le Duc, et à S. A. S. Madame la Duchesse, et à S. A. S. Mᵉʳ le Prince de Condé, la joye qu'inspire son heureuse naissance, et combien elle est sensible au bonheur qui lui est promis, auquel effet la ditte Chambre, leur a offert à chacun, la somme de douze livres par jour, à compter de celuy de leur départ, pendant tout le temps qu'ils seront à Paris, pour le sujet de la ditte députation, et jusqu'au jour de leur retour en cette ville, dont les dits sieurs Roche et Arnoult ont bien voulu se contenter, non compromis (*sic*) néamoins les frais de carosses, pour aller et retourner, et toutes dépenses extraordinaires dont leur sera fait état, sur celuy qu'ils représenteront, au moyen de quoy, la ditte Chambre a invité les dits sieurs Roche et Arnoult de partir incessament, à quoy ils ont répondu et promis d'arranger leurs affaires pour partir par le carosse de vendredy prochain, sept du courant.

Signé : Burteur, Roche, Goujon, Arnoult, Baudot, Joly.

Au-dessous est écrit : Mandement a été octroyé aux dits sieurs Roche et Arnoult, députés pour se rendre en la ville de Paris, suivant la délibération cy-dessus, de la somme de mille livres, pour survenir (*sic*) aux frais de leur voyage, séjour à Paris et retour en cette ville, ensemble de toutes autres dépenses qui leur conviendra faire.

BURTEUR

Dans les comptes de 1736 et 1737, on trouve que la somme de mille livres a été payée, les 3 et 5 septembre 1736, et que, un peu plus tard, dans le courant de l'année 1737, il a été payé aux sieurs Roche et Arnoult une somme de 363 livres pour solde.

DIJON, IMPRIMERIE DARANTIERE, RUE CHABOT-CHARNY, 65

(Extrait des *Mémoires de la Société bourguignonne
de Géographie et d'Histoire*, année 1898.